活页式教材使用注意事项

根据需要,从教材中选择需要撕下来单独使用的页面。

小心地沿页面根部的虚线将页面撕下。为了保证沿虚线撕开,可以先沿虚线折叠一下。
注意:一次不要同时撕太多页。

03 撕下的活页式页面或者笔记记录页,使用后放置到封底活页式口袋夹中,以免丢失。

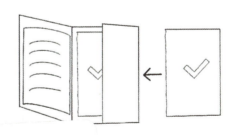

温馨提示:在第一次取出教材正文页面之前,可以先尝试撕下本页,作为练习。

高等职业教育校企合作新形态系列教材·学前教育专业

幼儿园环境创设

（活页式教材）

主　编　张兴莲
副主编　宋立珍　张金芝
参　编　李　凌　成晓利　张翠玲　厉晓玲
　　　　凌鸿雁　丁　英　王　洁　潘秀芹
　　　　李　冰　章　恕　迟方竹　张玉熙

北京理工大学出版社
BEIJING INSTITUTE OF TECHNOLOGY PRESS

版权专有　侵权必究

图书在版编目（CIP）数据

幼儿园环境创设 / 张兴莲主编. --北京：北京理工大学出版社，2023.6
ISBN 978-7-5763-2457-0

Ⅰ.①幼… Ⅱ.①张… Ⅲ.①幼儿园-环境设计-高等学校-教材 Ⅳ.①G617

中国国家版本馆 CIP 数据核字（2023）第 105919 号

出版发行 / 北京理工大学出版社有限责任公司	
社　　址 / 北京市海淀区中关村南大街 5 号	
邮　　编 / 100081	
电　　话 /（010）68914775（总编室）	
（010）82562903（教材售后服务热线）	
（010）68944723（其他图书服务热线）	
网　　址 / http：//www.bitpress.com.cn	
经　　销 / 全国各地新华书店	
印　　刷 / 河北盛世彩捷印刷有限公司	
开　　本 / 787 毫米×1092 毫米　1/16	
印　　张 / 12	责任编辑 / 申玉琴
字　　数 / 282 千字	文案编辑 / 申玉琴
版　　次 / 2023 年 6 月第 1 版　2023 年 6 月第 1 次印刷	责任校对 / 刘亚楠
定　　价 / 52.00 元	责任印制 / 施胜娟

图书出现印装质量问题，请拨打售后服务热线，本社负责调换

前　言

自2001年《幼儿园教育指导纲要（试行）》颁布以来，环境在幼儿园教育中的重要性日益凸显。2012年年底国家颁布的《幼儿园教师专业标准》明确指出"幼儿园环境创设与利用的能力"是幼儿教师必须掌握的基本能力。《3~6岁儿童学习与发展指南》提出"珍视游戏和生活的独特价值，创设丰富的教育环境，合理安排一日生活，最大限度地支持和满足幼儿通过直接感知、实际操作和亲身体验获取经验的需要"。由此可见，幼儿园环境创设是支持幼儿发展的重要条件，同时也是幼儿教师提升专业理念、获取专业发展的重要途径。

编者总结多年的实践经验和教学经验，完成了本书的编写。本书力求创新和突破，具有以下特点：

1. 以课程建设为依托，全面反映新时代教学成果

本书以《教育部关于职业院校人才培养方案制订与实施工作的指导意见》（教职成〔2019〕13号）、《教育部关于印发〈职业院校教材管理办法〉的通知》（教材〔2019〕3号）为指导，以幼儿园最新环境创设的基本理念为依据，以课程建设为依托，以培养职业能力为主线，全面反映新时代校企合作、产教融合、创新创业教育和教育信息化方面的教学改革成果。编者将探究学习、小组合作、分析解决问题、创新能力的培养贯穿于本书始终，充分适应不断创新与发展的项目教学、任务驱动、案例教学、顶岗实习等"理实一体化"教学组织与实施形式。

2. 编写体例符合职业教育特点，突出实践性和创新性

本书以幼儿园教育所涵盖的工作任务和职业能力分析为依据，把幼儿园环境创设的新理念、新标准引入到内容中，体现基础性、趣味性和开拓性相统一的思想。本书采用模块化设计，以"任务"为驱动，理实一体，学做结合，突出实践性，符合学生认知规律。每个模块下设若干个任务清单。学生通过完成任务、小组互评等循序渐进地总结知识，增强教学活动的职业针对性和"工作过程性"，不断提升动手能力、创新能力和分析解决问题的能力。

3. 以传统文化为主线，全面落实课程思政"主渠道"作用

本书以立德树人为根本任务，以中华优秀传统文化的传承为主线，以良好的幼儿园环境创设为导向，将优秀的地域文化、节日文化、民间传统游戏等融入模块设计当中。学生通过知识拓展、任务实施等学会弘扬传统文化艺术的技能与方法，感受传统文化的魅力，树立文

化自信。本书在编写过程中,将课程思政内容体现在古人智慧、中西方教育家思想以及幼儿园教育案例中,最后实现中华优秀传统文化的落地与回归。在发展学生职业技能的同时,培养学生良好的职业素养和思想品质,多维度、多形式地实现育人效果。

4. 建成高效的教学配套资源,实现一体化育人模式

本书图文并茂,直观性强。每个任务以幼儿园环境创设要求为载体,将幼儿教师资格考试、职业技能大赛等级标准及"1+x"职业技能等级标准相关内容有机融入教材中,促进书证融合。为满足学生自主学习的需要,本书编写团队建设了与本书配套的信息化资源,通过扫描书中的二维码可实现在线阅读、视频浏览、扫码答题等。教学资源建设统筹推进,纸质教材与电子教材效应互补,为课程实施、终身教育提供一体化解决方案,以满足"互联网+职业教育"环境下的新型教学模式和继续教育需要。

本书在编写过程中得到了日照市市直机关幼儿园、日照市市级机关曙光幼儿园、日照市五莲县实验幼儿园、日照市新营小学附属幼儿园等单位的大力支持。本书编写团队由学前专业带头人、骨干教师、幼儿园园长、优秀幼儿教师等专家组成。

张兴莲提出撰写脚本,经编写团队反复讨论,确定了本书的基本框架。各项目的具体分工是:项目一、项目二、项目三、项目四由张兴莲编写;前言、项目五由宋立珍编写;项目导航及课程思政由张金芝编写;丁英、王洁、潘秀芹、李冰、章恕、迟方竹、张玉熙等企业专家提供了丰富的一线案例;张翠玲、厉晓玲进行了文稿的校对;李凌、成晓利、凌鸿雁给予了宝贵的指导意见;最后由张兴莲统稿并做了部分修改、调整。

本书中所用图片及视频98%以上均为当地知名幼儿园真实资料及学生在上课过程中的实训案例,同时也学习和借鉴了部分专家和同行的研究成果,在此一并致谢!

鉴于编者水平有限,书中难免有疏漏或不足之处,敬请广大读者惠予指正,以便及时修订。

附:扫码看视频《幼儿园环境创设原则》

目 录

项目一 幼儿园公共区域环境创设 ·· 001
  项目描述 ··· 001
  项目导航 ··· 001
  教学目标 ··· 002
  古人智慧 ··· 002
  课前自学 ··· 003
    一、幼儿园公共区域环境的构成 ·· 003
    二、幼儿园公共区域环境的教育价值 ··· 006
    三、幼儿园公共区域环境的规划要点 ··· 007
    四、传统文化在幼儿园公共区域环境中的应用 ································ 008
  课中实训 ··· 009
    任务一　幼儿园公共区域环境创设评析 ······································· 009
    任务二　日照渔文化背景下幼儿园门厅方案设计 ··························· 011
  课后提升 ··· 013
  知识拓展 ··· 013
  检测回顾 ··· 013
  反思总结 ··· 014

项目二 幼儿园墙饰环境创设 ··· 015
  项目描述 ··· 015
  项目导航 ··· 015
  教学目标 ··· 016
  教育轶事 ··· 016

课前自学 ··· 017
 一、幼儿园墙饰环境创设概述 ··· 017
 二、幼儿园墙饰布置的分类 ·· 017
 三、幼儿园墙饰设计常用的技法 ·· 019
 四、幼儿园墙饰设计的原则 ·· 022
 五、传统文化元素在墙饰创设中的应用 ··· 025

课中实训 ··· 028
 任务一 幼儿园家园栏的设计与制作 ··· 028
 任务二 幼儿园互动主题墙的设计与制作 ·· 032
 任务三 幼儿园功能栏目的设计与制作 ·· 036
 任务四 幼儿园墙饰环境创设的配色练习 ·· 039
 任务五 幼儿园传统文化墙饰的设计与制作 ··· 042

课后提升 ··· 044
 知识拓展 ··· 044
 检测回顾 ··· 045
 反思总结 ··· 046

项目三 幼儿园室内区域环境创设 ··· 047

项目描述 ··· 047
项目导航 ··· 047
教学目标 ··· 048
教育家思想 ··· 048
课前自学 ··· 049
 一、幼儿园室内区域活动概述 ··· 049
 二、幼儿园室内区域活动创设的原则 ·· 049
 三、常见的幼儿园室内区域活动设计 ·· 053
 四、幼儿园室内区域活动材料投放 ·· 054
 五、传统文化在幼儿园室内区域中的应用 ··· 056

课中实训 ··· 058
 任务一 幼儿园室内区域规划与设计 ··· 058
 任务二 幼儿园室内区域标志的设计与制作 ·· 063
 任务三 幼儿园室内区域活动规则的制定 ·· 065
 任务四 自制绘本故事书 ·· 068
 任务五 端午节背景下的区域环境创设 ··· 072

课后提升 ··· 075
 知识拓展 ··· 075

目 录

  检测回顾 …………………………………………………………………… 096
  反思总结 …………………………………………………………………… 097

项目四　幼儿园户外游戏环境创设 ………………………………………… 099

  项目描述 …………………………………………………………………… 099
  项目导航 …………………………………………………………………… 099
  教学目标 …………………………………………………………………… 100
  幼教政策 …………………………………………………………………… 100
  课前自学 …………………………………………………………………… 101
   一、幼儿园户外游戏环境概述 ……………………………………………… 101
   二、户外游戏区域的规划 …………………………………………………… 101
   三、基于幼儿视角的户外游戏区域设置原则 ……………………………… 105
   四、民间传统体育游戏在幼儿园户外活动中的应用 ……………………… 107
  课中实训 …………………………………………………………………… 108
   任务一　幼儿园户外游戏区域布局与规划 ………………………………… 108
   任务二　幼儿园户外运动区域的布局与规划 ……………………………… 112
   任务三　幼儿园沙池游戏区域的规划与设置 ……………………………… 114
   任务四　幼儿园户外游戏的"一物多玩" ………………………………… 116
   任务五　户外民间传统游戏调查与分析 …………………………………… 119
  课后提升 …………………………………………………………………… 121
  知识拓展 …………………………………………………………………… 121
  检测回顾 …………………………………………………………………… 141
  反思总结 …………………………………………………………………… 142

项目五　幼儿园民间传统工艺的设计与制作 ……………………………… 143

  项目描述 …………………………………………………………………… 143
  项目导航 …………………………………………………………………… 143
  教学目标 …………………………………………………………………… 144
  文化引领 …………………………………………………………………… 144
  课前自学 …………………………………………………………………… 145
   一、中国优秀传统艺术概述 ………………………………………………… 145
   二、中国优秀传统工艺举例 ………………………………………………… 145
   三、中国优秀民间工艺在幼儿园环境创设中的应用 ……………………… 146
  课中实训 …………………………………………………………………… 148
   任务一　剪纸艺术的设计与制作 …………………………………………… 148
   任务二　京剧人物的设计与制作 …………………………………………… 152
   任务三　编织艺术的设计与制作 …………………………………………… 156

任务四	篆刻艺术的设计与制作	159
任务五	皮影艺术的设计与制作	161
任务六	青花艺术的设计与制作	166
任务七	扎染艺术的设计与制作	170
任务八	民俗工艺小集市活动	173

课后提升 …………………………………………………………………… 178

知识拓展 …………………………………………………………………… 178

检测回顾 …………………………………………………………………… 179

反思总结 …………………………………………………………………… 180

参考文献 ………………………………………………………………… 181

项目一

幼儿园公共区域环境创设

项目描述

大家好，我是新入职的小慧老师。

近期，我们大班组进行的主题是"新年乐"。为了让幼儿充分感受节日的氛围，通过级部教研，我们大班组决定在门厅等公共区域设置新年乐"微景观"，在走廊等公共场所设置公共的活动区域，以拓展幼儿交往活动的空间，实现环境育人的最大化。那么，幼儿园公共区域环境创设应该注意哪些问题？幼儿园公共区域又该如何设置呢？

下面请跟随小慧老师的脚步，一起走进幼儿园墙饰环境创设这一项目的学习吧！

项目导航

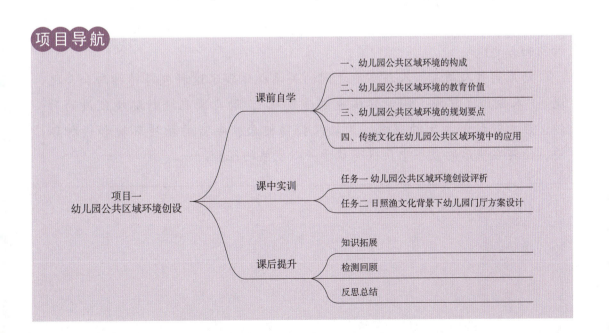

幼儿园环境创设

教学目标

知识目标

1. 知道幼儿园公共区域环境的构成。
2. 明确幼儿园公共区域环境的教育价值。

能力目标

1. 掌握幼儿园公共区域环境创设与规划的要点。
2. 能够运用环境创设的基本理论，对幼儿园公共区域进行创设与规划。

素质目标

1. 感受幼儿园公共区域环境带来的美感。
2. 理解幼儿园公共区域环境传递的文化价值。

古人智慧

中华文化具有悠久历史和人文底蕴，是中华民族共享精神家园的文化根基。党的二十大报告中运用的汉语熟语典故，闪耀着中华优秀传统文化思想的光芒，具有强大的感染力。其中"天人合一"思想是我国传统文化的精华所在，充分体现了历代哲学家深刻的思考和博大的情怀。"天人合一"是人与自身、人与自然、人与社会以及全世界人类的和谐共生。"万物并育而不相害，道并行而不相悖"语出《礼记·中庸》，意思是万物共生在一起而不互相为害，道在一起施行而不相违背，体现了宇宙和大自然法则中的包容精神与和合之道。

幼儿园里人与人、人与环境之间的关系也体现了这种包容精神与和合之道。"人创造了环境，同时环境也创造了人"，幼儿园在进行环境创设的时候，应本着和谐共生的理念，为幼儿提供健康、丰富的物质环境和精神环境，使其在快乐的童年中获得有益于身心发展的经验。

项目一 幼儿园公共区域环境创设

课前自学

一、幼儿园公共区域环境的构成

幼儿园公共区域环境是指大家共同利用的一部分空间,包括门厅、走廊、楼梯、公共活动室等区域的环境。

(一) 门厅

门厅一般比较宽敞明亮,多以明快、鲜艳的色调为主。它是幼儿、教师及家长等每天都要多次往返经过的空间区域,因此,门厅墙面一般应呈现园所的办园理念、园风、园训等内容,体现园所的文化内涵。门厅空间可根据需要创设与主题相关的微景观,充分发挥环境的育人价值。门厅边角地区可设置适合短时间休息活动的区域,如绘本阅读区、信息互动区等,便于幼儿与环境产生互动。幼儿园门厅环境样例如图1-1所示。

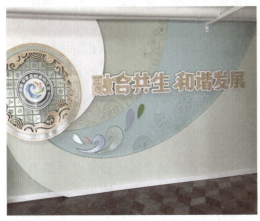

图1-1 幼儿园门厅环境样例

(二) 走廊

走廊是连接班级与班级之间的通道，也是不同年龄班、不同幼儿之间相互沟通的桥梁。各个幼儿园走廊的空间大小不一，有些幼儿园走廊空间比较宽敞，或者在走廊转角及尽头有一个公共的活动空间，这些地方就适合设置公共的活动区域，如皮影小剧场、角色游戏区、表演区等。走廊的布置不仅可以实现班内动静区域的分离，还可以实现同楼层班级的区域联动，充分锻炼幼儿的交往能力及语言表达能力，有效节约区域空间。幼儿园走廊环境设计样例如图 1-2 所示。

图 1-2　幼儿园走廊环境设计样例

(三) 楼梯

楼梯是连接上下楼层的主要通道，包括台阶、扶手和楼梯转角等。楼梯的环境设置首先要考虑安全因素，可将"上下楼梯靠右行""一步一个台阶走"等文明行为用语用图示的形式融入到环境创设中，通过环境引导幼儿将文明行为内化于心、外化于行。有些幼儿园会将正数、倒数、排序等科学领域的目标通过有趣的符号融入楼梯台阶侧面的装饰中，引导幼儿在上下楼梯的过程中，获得有趣的数学知识。楼梯墙面可适当呈现老师与幼儿活动的足迹，如游戏案例、课程片段、节日活动等内容，使幼儿有亲近感和归属感。需要注意的是，楼梯墙面内容切记不要花哨，以免过于吸引幼儿的注意力，在台阶上逗留，形成安全隐患。幼儿园楼梯迎面及拐角环境样例如图 1-3 所示。

(四) 公共活动室

幼儿园应在硬件设置及空间条件允许的情况下，充分挖掘资源优势及空间潜力设置公共活动室。公共活动室有科学发现室、工艺美术室、图书阅览室、建构活动室、陶艺工作室、多功能活动室等，这些公共活动室相对保持独立的空间设置，内在又有必然的联系。如多功能活动室是每个幼儿园必备的场所之一，空间设置比较宽敞，使用功能非常丰富，是教学研讨、职工会议、文艺演出、家长活动等的主要场所，同时也是特殊天

项目一　幼儿园公共区域环境创设

气环境下幼儿室内体育活动的重要场所之一。其他如科学发现室、工艺美术室等空间，材料非常丰富，能满足小中大班不同年龄段幼儿的需求，对班级区域活动来说是个很好的补充。幼儿园公共活动室环境样例如图 1-4 所示。

图 1-3　幼儿园楼梯迎面及拐角环境样例

图 1-4　幼儿园公共活动室环境样例

二、幼儿园公共区域环境的教育价值

（一）有利于对幼儿价值的引领

幼儿园公共区域环境与其他环境的不同之处在于，它更多的强调园所文化内涵和价值引领，可以说是一个幼儿园灵魂的外在体现。例如，幼儿园门厅正面是大幅绘本插画，门厅一边是软包长凳，门厅一角是精致的书架，上面摆放着幼儿喜欢的绘本，旁边的互动墙面是幼儿的阅读记录及自制绘本等。这样的环境传递给幼儿的就是温馨有趣和浓浓的书香味，经常在这样的环境中生活，幼儿自然会喜欢图书，爱上阅读。幼儿园门厅阅读角样例如图1-5所示。

图1-5 幼儿园门厅阅读角样例

（二）有利于拓展幼儿的交往空间

幼儿园公共区域环境创设为跨班级或跨年级的区域联动创造了条件，有效拓宽了幼儿交往活动的范围。中大班幼儿在与小班幼儿的互动中学会了谦让和包容，小中班的幼儿在跟随哥哥姐姐玩耍的过程中学会了团结、分享、沟通及解决问题等，混龄游戏很好地实现了同伴之间的学习提升。幼儿园区域活动中的以大带小如图1-6所示。

（三）有利于实现对班级区域活动的延展

由于受空间条件的制约，许多幼儿园的班级是共用活动室和寝室，因此为了避免区域干扰，许多班级无法设置表演角等比较吵闹的区域，而公共区域的设置就很好地解决了这一问题，可以说公共区域活动是班级区域活动的延展和补充，极大地丰富了幼儿室内区域游戏的资源，满足了幼儿的个性需求。幼儿园二楼门厅京剧表演区如图1-7所示。

图 1-6　幼儿园区域活动中的以大带小

图 1-7　幼儿园二楼门厅京剧表演区

三、幼儿园公共区域环境的规划要点

（一）教育性

环境是幼儿耳濡目染的教育介质。幼儿园要将教育的目标、要求等以物化的形式呈现在公共环境中，幼儿通过看、听、说、做等多种感官的参与潜移默化地得到发展。

（二）灵活性

幼儿园公共区域环境不是一成不变的，教师要根据课程的内容、幼儿的兴趣等及时调整或更换区域环境，以满足幼儿的兴趣需要。

（三）趣味性

丰富有趣的环境能够吸引幼儿积极主动地探索事物，因此幼儿园公共区域环境创设要符合幼儿的审美情趣，满足幼儿的个性需求，以实现公共区域环境创设的价值最大化。

（四）参与性

幼儿是环境的主人，因此幼儿园公共区域环境创设一定是儿童视角下的环境创设，从方案的制定到环境的布置等一定要体现幼儿的想法和全过程的参与，只有这样，才能更好地吸引幼儿参与到活动中来。

四、传统文化在幼儿园公共区域环境中的应用

中华优秀传统文化精彩纷呈，在幼儿园公共区域环境创设的过程中，教师可将优秀的古典文学、建筑文化、地域文化、节日文化、戏曲文化等融入环境创设中。这不仅能引导幼儿了解我国5 000多年的灿烂文明，树立正确的价值观，而且可以彰显幼儿园的文化特色和育人理念。如沿海城市的幼儿园可融入当地的海洋文化特色，乡村幼儿园可融入当地的农耕文化特色等。幼儿园还可结合本园的办园理念，通过环境创设彰显自己的园本文化，如上海陈伯吹幼儿园的文学特色，中华女子学院附属实验幼儿园人性化、儿童化的办学特色等，无不在环境中得以体现。幼儿园公共区域环境创设样例如图1-8所示。

图1-8　幼儿园公共区域环境创设样例

项目一 幼儿园公共区域环境创设

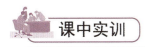

任务一 幼儿园公共区域环境创设评析

 知识链接

幼儿园门厅、走廊、楼梯及活动室的装饰风格应过渡自然、协调一致，使每一处空间既保持相对独立，又和谐自然。如门厅与走廊在地面、墙面颜色及材质上要协调一致、过渡自然；墙饰与角落的微景观要相互呼应；家具的材质、色彩、风格要融入整体环境，富有美感。

 任务目的

（1）掌握幼儿园公共区域环境创设的要点。
（2）提升运用所学知识进行评价分析的能力。
（3）能有条理地进行提炼和表述。

 任务要求

（1）从门厅、楼梯、走廊环境中任选一处进行评析。
（2）撰写不少于600字的评析报告，并有条理地进行阐述。

 前期准备

（1）经验准备：课前通过资料搜集了解不同幼儿园的公共环境设置情况，并做出初步的评价。
（2）物质准备：幼儿园实景视频、图片等。

 实训过程

（1）呈现某一幼儿园走廊、门厅、楼梯等公共区域环境图（见图1-9），明确评析的任务。
（2）以小组为单位从多个角度进行探讨和评析。
（3）梳理评析要点，形成评析报告。
（4）各小组讲解员结合图片，阐述小组的评析报告。

图 1-9　幼儿园公共区域图片

（5）各小组通过问卷星对评析报告进行打分评价，并阐述理由。
（6）教师总结评价，形成较为合理的公共环境设置方案。

考核标准

（1）个人自评、小组互评、教师点评。
（2）量化打分在 60~100 分，具体评分标准如表 1-1 所示。
（3）将修改后的评析报告上传到"雨课堂"平台。

表 1-1　"幼儿园公共区域环境创设"小组互评打分表

项目	评分细则	参考分值/分	1组	2组	3组	4组	5组	……
评析报告撰写	1. 至少找出 3 个问题点	30						
	2. 不少于 600 字	10						
	3. 文档编辑符合要求	20						
方案阐述	4. 落落大方	10						
	5. 语言表述清晰流畅	30						
总分		100						

项目一　幼儿园公共区域环境创设

任务二　日照渔文化背景下幼儿园门厅方案设计

 知 识 链 接

幼儿园可结合地域文化特点进行环境创设。比如沿海城市的幼儿园，可在家长的配合下，带领幼儿走进海洋馆、渔文化博物馆、造船厂、渔码头和小渔村等，通过实地采风，了解当地的文化特色，并将这些渔家文化引入幼儿园，融入园本课程和环境创设，让幼儿在潜移默化中感受浓浓的渔家文化气息，了解地域文化的内涵。

日照渔文化

 任 务 目 的

(1) 了解日照渔文化的价值和内涵。
(2) 在地域文化背景下，发展运用所学知识进行门厅方案设计的能力。
(3) 感受地域文化特色，增强文化自信。

 任 务 要 求

(1) 根据给定的新建园门厅（见图1-10），任选一幅图进行方案设计。
(2) 设计方案不少于600字，图文结合。

图1-10　新建园门厅

 前 期 准 备

(1) 经验准备：借助网络资源了解日照渔文化的丰富内涵，在"雨课堂"平台讨论区互动交流，畅谈自己的主要观点。

（2）物质准备：A4纸、彩笔、电脑等。

 实训过程

（1）头脑风暴：日照渔文化。

（2）明确任务要求，做好人员分工。

（3）各小组讨论渔文化背景下的门厅设计方案。

（4）形成统一意见，撰写设计方案，形成草图。

（5）讲解员以图文并茂的形式阐述本小组的设计方案。

 考核标准

（1）个人自评、小组互评、教师点评。

（2）量化打分在60~100分，具体评分标准如表1-2所示。

表1-2　"日照渔文化背景下幼儿园门厅方案设计"小组互评打分表

项目	评分细则	参考分值/分	1组	2组	3组	4组	5组	……
设计方案撰写及绘图	1. 方案撰写不少于600字	10						
	2. 方案符合公共区域环境创设的理念	20						
	3. 充分体现渔文化的地域特色	20						
	4. 绘图能充分说明文字表述内容	10						
方案阐述	5. 落落大方	10						
	6. 表达清晰流畅	30						
总分		100						

项目一 幼儿园公共区域环境创设

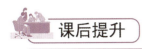

知识拓展

（一）幼儿园公共区域环境赏析（请扫码观看）

（二）我们的航天展（请扫码观看）

（三）实践练习

到幼儿园实习期间，考察所在幼儿园的公共区域环境创设情况，认真分析环境创设中的优点和不足，形成不少于1 000字的考察报告。考察报告具体包括姓名、班级、考察幼儿园、考察时间、幼儿园公共区域环境介绍、自己的创设及修改建议等。

检测回顾

一、单选题

1. 幼儿园精神环境主要指幼儿园的（   ），包括影响教职工和幼儿的精神状态及情绪的一切因素。

   A. 集体氛围　　　B. 心理因素　　　C. 活动气氛　　　D. 地理环境

2. 按照（   ）分，幼儿园环境可分为室内环境和室外环境。

   A. 组成性质　　　B. 幼儿喜好　　　C. 占地面积　　　D. 存在形式

3. 严禁将幼儿园的活动空间设置在地下或半地下室，生活空间的净高应不低于（   ）。

   A. 1.3米　　　　B. 2.8米　　　　C. 2.0米　　　　D. 8.0米

4. 幼儿园门厅、走廊、楼梯等公共环境在风格上应（   ）。

   A. 独具特色　　　B. 色彩鲜艳　　　C. 和谐统一　　　D. 追求高档

二、多选题

1. 幼儿园室内公共活动区域包括（   ）。

A. 门厅　　　　　　B. 楼梯及楼梯转角　C. 走廊　　　　　　D. 各班活动室

2. 幼儿园公共区域环境创设的原则是（　　）。

A. 教育性　　　　　B. 灵活性　　　　　C. 趣味性　　　　　D. 参与性

3. 幼儿园公共区域环境的教育价值包括（　　）。

A. 对幼儿价值的引领　　　　　　　　B. 仅仅用于环境美化

C. 拓展幼儿的交往空间　　　　　　　D. 对班级区域活动的延展

三、简答题

1. 幼儿园公共区域环境创设的价值有哪些？
2. 在幼儿园公共区域环境创设过程中，幼儿可以如何参与？

检测回顾答案

反思总结

亲爱的同学们：

　　环境是幼儿耳濡目染的教育介质，被称作隐性课程。公共区域环境的创设是幼儿园园所理念的物化体现，温馨、和谐、有趣的环境创设有益于幼儿身心放松、情绪愉悦、积极主动地和周围环境互动。通过本项目的学习，你对幼儿园公共区域环境创设有哪些思考和收获呢？请写出来吧！

幼儿园墙饰环境创设

项目描述

大家好，我是新入职的小慧老师。

环境作为重要的教育资源，在幼儿园被称作"隐性课程"和"幼儿的第三任老师"。墙饰环境作为幼儿园环境的重要组成部分，不仅具有美化与装饰的功能，而且对幼儿的发展具有重要的教育意义。墙饰环境创设作为幼儿教师一项必备的看家本领，是其教育理念、教育审美、教育智慧的重要体现。

新学期马上就要开始了，作为一名新手幼儿教师，如何进行墙饰栏目的设计与制作？在环境创设中如何充分发挥幼儿的主体地位？

下面请跟随小慧老师的脚步，一起走进幼儿园墙饰环境创设这一项目的学习吧！

项目导航

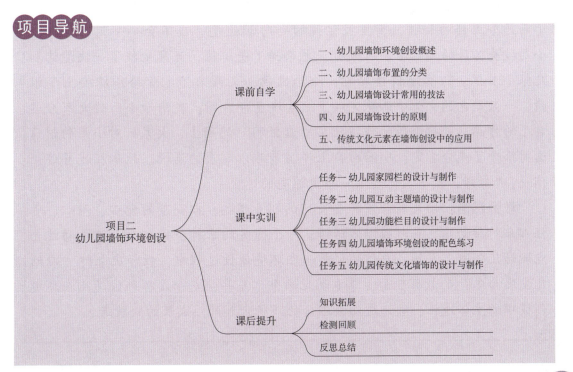

幼儿园环境创设

教学目标

知识目标

1. 明确幼儿园墙饰环境创设的内涵及意义。
2. 掌握幼儿园墙饰环境创设的基本理念及设计原则。
3. 学会墙饰环境创设中的配色及构图理论。

能力目标

1. 能够根据教学目标,合理创设墙饰环境。
2. 能够运用环境创设的基本理论,分析幼儿园墙饰环境创设的优缺点。
3. 熟练运用多种墙饰环境创设的制作技法。

素质目标

1. 树立正确的儿童观、教育观、课程观。
2. 将所学知识灵活运用,创造性地用于墙饰环境创设中。
3. 关注个体差异,树立"幼儿为本"的职业意识。

教育轶事

案例分享:随着"西游记"主题的进行,幼儿们对"盘丝洞"这段故事产生了浓厚的兴趣。许多幼儿在美工区编织蛛网,并用各种材料制作蜘蛛。小西是个文静的女孩,嘴里经常说的一句话就是"我不会……"。这些天,小西被美工区的创作活动所吸引,也选择了美工区,只见她找了一块泡沫和几根小木棍,认真地拼拼粘粘、涂涂画画,又找来了毛球给蜘蛛安上了眼睛,一只黑色的立体小蜘蛛完成了。区域点评时间,我暗示小西给大家分享自己的作品,并把小西的作品挂在"盘丝洞"的网上,大家针对小西的创意选材给予了充分肯定,小西的脸上洋溢着难以言表的喜悦。她趴在我耳边悄悄说:"老师,我下次还要做一个更漂亮的!"

教师感悟:幼儿教师应具备良好的职业道德,以高度的爱心、耐心、责任心来对待幼儿。一句鼓励的话语、一个微笑的眼神、一个小小的举动就会点燃幼儿创造、求知、自信的火苗。在环境创设过程中,教师应秉持"以幼儿发展为本"的教育理念,尊重幼儿的个体差异,充分发挥每位幼儿在环境创设中的主体地位,做先进幼教理念的践行者和幼儿成长的领航者。

项目二 幼儿园墙饰环境创设

课前自学

一、幼儿园墙饰环境创设概述

幼儿园墙饰环境创设是幼儿园教育环境创设的重要组成部分。从外在属性看，幼儿园墙饰环境是一种综合了绘画、雕塑、民间工艺等多种表现形式的壁画装饰艺术，具有很强的审美性。从内在属性看，幼儿园墙饰环境是为课程和教学服务的，蕴含着教育的目标和价值，向幼儿传递着教育的信息，同时也是幼儿互动交流的重要阵地。

二、幼儿园墙饰布置的分类

幼儿园墙饰布置依据不同的角度有不同的分类方式。如依据设计性质可分为常规墙饰、主题墙饰和互动墙饰；依据制作工艺的不同可分为涂绘墙饰、手工墙饰和综合墙饰等。下面主要依据墙饰的使用功能来进行分类，将其分为装饰性墙饰和功能性墙饰两大类。

（一）装饰性墙饰

装饰性墙饰主要用于美化、装饰幼儿园的室内外环境，应与幼儿园的园本文化氛围相一致，使幼儿得到美的熏陶和影响。幼儿园装饰性墙饰样例如图 2-1 所示。

图 2-1 幼儿园装饰性墙饰样例

（二）功能性墙饰

功能性墙饰具有明确的目标指向和功能需求。它可以是常规标志，如"上下楼梯安全提示""班级标志""区域标志""区域约定""家园栏"等；还可以是蕴含教育目标的互动栏目，如"互动主题墙""小问号""新闻播报""气象专栏"等，旨在让幼儿通过观察、互动、交流，获得学习与发展，发挥墙饰应有的教育价值。幼儿园功能性墙饰样例如图2-2所示。

图 2-2　幼儿园功能性墙饰样例

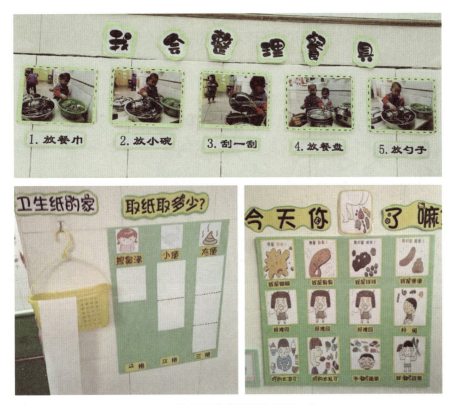

图 2-2　幼儿园功能性墙饰样例（续）

就目前来看，装饰性墙饰和功能性墙饰并没有非常明确的界限，往往在装饰性墙饰中蕴含着教育价值，在功能性墙饰中同样也具有审美价值，二者相互融合、互为补充。

三、幼儿园墙饰设计常用的技法

幼儿园外墙装饰及户外大型的壁画雕塑等，大多是由专业的美术工作者设计制作，保存时间也较长久。而门厅、走廊、教室等小型的常规墙饰需要幼儿教师协同合作或融入教育课程引导幼儿来共同完成。因此，幼儿园墙饰设计是幼儿教师必备的一项职业技能。

幼儿园墙饰设计常用的技法有手绘法、平面剪贴法、玻璃粘贴法、半立体纸雕法以及综合材料装饰法等。不同的材料和制作方式会产生不同的肌理效果，这些装饰因素的组合，是形成整体装饰效果的手段。在实际操作中，教师还应该根据幼儿园的现有资源、人文环境、经济状况、幼儿兴趣特点等采用适宜的技法进行环境创设。

（一）手绘法

幼儿园装饰类的墙饰可采用手绘或喷绘的方法进行绘制，可以使用水粉、油画棒、丙烯、油漆等材料。不同的绘画材料和绘画方式可以产生不同的肌理效果，实际操作时，还应根据幼儿园的自然环境和经济状况等决定采用何种方法。幼儿园外墙装饰壁画样例如图2-3所示。

图2-3　幼儿园外墙装饰壁画样例

（二）平面剪贴法

平面剪贴法即采用吹塑KT板、彩色卡纸、海绵纸、瓦楞纸等材料剪刻出变形、夸张的人物、动物、植物等，然后将剪好的造型合理、巧妙地粘贴在一起，完成墙饰的整体制作。平面剪贴法大多采用抽象、概括的装饰特点，使用的材料比较广泛，有底板材料和画面粘贴材料两大类。底板材料是指可以充当画面底色的材料，如KT板、软木、吹塑纸、原色纸板等均可作为底板材料；画面粘贴材料有包装纸、海绵纸、手揉纸、电光纸、糖纸、旧挂历、花布、绳子等，应根据画面内容和风格来选择。

在运用平面剪贴法进行制作的过程中，可融入不同的手工技巧，如边缘卷曲法、折叠法、重叠法等，以产生不同的艺术效果。幼儿园平面剪贴墙饰样例如图2-4所示。

图2-4　幼儿园平面剪贴墙饰样例

（三）玻璃粘贴法

玻璃粘贴装饰既是室内墙饰环境的一部分，又是和窗外景色融为一体的美丽风景。制作玻璃粘贴装饰时使用的工具较为简单，有铅笔、剪刀、精细刻刀、小镊子、夹子等。在使用玻璃粘贴技法时要注意以下几点：

（1）玻璃和彩色贴纸具有透明光亮的特点，在设计时要考虑几种颜色的搭配效果。

（2）玻璃粘贴最大的特点是清晰、鲜明，因此在设计时不宜采用写实的手法，而尽量追求设计形象的变形和夸张。

（3）使用玻璃粘贴法时应考虑到室内采光等具体情况。

（4）应将玻璃和其他环境连在一起整体构思，注意搭配的完整性，切忌零零散散地随意粘贴。

幼儿园玻璃粘贴装饰样例如图 2-5 所示。

图 2-5　幼儿园玻璃粘贴装饰样例

（四）半立体纸雕法

半立体纸雕是介于立体图画和平面剪贴画之间的一种艺术表现形式，是在平面材料上对某些部位进行立体加工，使之在视觉上和触觉上具有立体感。在构思设计时，利用自然纸张的肌理效果，采用剪、切、折、叠、卷、粘等技法，创造出栩栩如生的艺术效果。幼儿园半立体纸雕墙饰样例如图 2-6 所示。

（五）综合材料装饰法

幼儿园墙饰环境创设的过程中，更多的是体现多种材料的整合运用，如木片、树枝、松球、羽毛、石子等天然材料，碎布、毛线、麻绳等纺织材料，茶杯垫、光盘、饮料瓶、扇子、草席、筐子等生活废品材料，刨花、锯末、废电线等人工废品材料，纸箱、纸盒、纸筒、纸袋等纸张类材料，这些材料都可以用于环境创设。教师可巧用"百

图 2-6　幼儿园半立体纸雕墙饰样例

宝箱"在家长的支持下引导幼儿细心收集、巧妙利用,在拼拼、摆摆、贴贴、画画的过程中发挥想象力和创造力,在与环境的互动中受到美的熏陶。幼儿园综合材料墙饰样例如图 2-7 所示。

图 2-7　幼儿园综合材料墙饰样例

四、幼儿园墙饰设计的原则

(一) 审美性原则

幼儿园墙饰环境是培养幼儿美感,对幼儿进行艺术教育的组成部分。它是美育活动的起点,也是美育活动的延伸,是幼儿获得艺术经验的有效方法。因此,幼儿园墙饰环境创设,要以幼儿为主体,构建一个符合幼儿审美特点和审美情趣的愉快的视觉场。幼儿园室内走廊墙饰样例如图 2-8 所示。

(二) 教育性原则

幼儿园墙饰环境创设还应具有教育性,要体现幼儿园教育目标,要与当前课程有机联系,让墙饰环境成为幼儿分享、交流、探索、感知的纽带,从而对幼儿产生潜移默化的影响,促进幼儿身心健康发展。幼儿园室内主题墙饰样例如图 2-9 所示。

图 2-8　幼儿园室内走廊墙饰样例

图 2-9　幼儿园室内主题墙饰样例

（三）适宜性原则

幼儿园墙饰环境创设的适宜性原则，主要是指墙饰环境创设要符合幼儿的身心发展特点，从幼儿的兴趣出发，创设以幼儿视角为中心的墙饰环境。这里需要特别注意的是，小型墙饰的视觉中心一般不超过幼儿的平均身高，大约在墙面下三分之一处。这不仅可以避免对幼儿视力造成损害，而且可以充分发挥幼儿在环境创设中的表现力。幼儿园主题墙饰样例如图2-10所示。

图2-10　幼儿园主题墙饰样例

（四）参与性原则

幼儿园墙饰环境创设要充分发挥幼儿的主体作用。从墙饰主题的确立、内容的选择、材料的准备到具体的操作等，教师都要给予幼儿更多的留白空间，鼓励幼儿全程参与。从"我怎样策划布置"转向"我怎样启发、引导、支持幼儿参与，幼儿怎样参与，我尽最大能力可提供什么条件"等，让幼儿成为墙饰环境创设的设计者、操作者、管理者和享用者。幼儿园互动墙饰样例如图2-11所示。

图2-11　幼儿园互动墙饰样例

（五）动态性原则

幼儿园墙饰环境要根据主题的变化、教育的目标等及时更新，动态性地展示幼儿学习、活动的轨迹，记录幼儿经验的建构，使幼儿始终保持探索、互动的兴趣。幼儿园科学区互动墙饰样例如图2-12所示。

图2-12　幼儿园科学区互动墙饰样例

五、传统文化元素在墙饰创设中的应用

苏霍姆林斯基说过，"孩子在他周围、在墙壁上、在教室里、在活动室里，经常看到的一切对他精神面貌的形成有重大的意义。这里的任何东西，都不应是随便安排的，孩子周围的环境对他应有所诱导、有所启示。"中国优秀传统文化有着光辉灿烂的历史，教师要结合园所文化背景、班级主题课程等将文化元素融入墙饰环境创设当中，在潜移默化的影响中，增强幼儿对国家、民族的认同感和归属感。

（一）传统文化墙饰内容来源

传统文化墙饰的内容选择一定来自幼儿的生活。比如春天到了，万物复苏。幼儿学习了朗朗上口的民间童谣《十二月花》，对童谣的内容和韵律产生了浓厚的兴趣，并在美工区进行了十二月花的表征记录。教师可以捕捉这一教育契机，将他们的表征记录配合浅显易懂的文字符号布置到走廊墙面上，吸引更多的幼儿来了解这首童谣，看一看、说一说、读一读，充分感受传统文学的韵律之美。另外，文化墙饰的布置还要和当前的主题课程相结合，比如结合主题"冬天乐"，可以生成"二十四节气""春节习俗"等传统文化主题墙，让环境不再是一种摆设，而是与幼儿生活相融和互动学习的一部分。幼儿园传统文化墙饰样例如图2-13所示。

图 2-13　幼儿园传统文化墙饰样例

（二）传统文化墙饰花纹图案的选择

在进行传统文化墙饰布局的过程中，边框及花纹图案的选择要与传统文化内容相一致，彰显中国元素，突出文化气息，如可选择具有中国特色的祥云、中国结、"回"字纹、波浪形等作为装饰图案。这些装饰图案既透出浓厚的自然气息，又不失中国文化的典雅和大气。中国传统花纹图案样例如图 2-14 所示。

图 2-14　中国传统花纹图案样例

（三）传统文化墙饰布局过程中的积极互动

环境是幼儿重要的学习资源，同时也是教师了解幼儿的重要途径。在传统文化墙饰布局的过程中，教师要提供各种机会，充分吸引幼儿参与到环境的创意和布局中来。幼儿会在自己创设的环境中积极互动，与同伴共同体验、分享成功的喜悦，从而更加关注环境、珍惜环境。

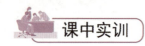

任务一 幼儿园家园栏的设计与制作

 知 识 链 接

幼儿园家园栏的设计与管理是幼儿园日常工作的一部分。幼儿教师学习与掌握家园栏的设计方法，对胜任幼儿园的教育教学工作有很大的帮助。其具体设计要点如下：

（1）整体设计应突出美观大方、朴素自然，设计风格与周围的环境相一致。版面设计要有主次，避免凌乱。

（2）栏目内容要贴近家长需求，反映幼儿当前生活。

（3）每个栏目要根据需要及时更新，调动家长参与的积极性和主动性。

（4）栏目内容要清晰，让家长看明白、能理解、很赞同，从而形成家园共育的合力。幼儿园家园栏设计样例如图2-15所示。

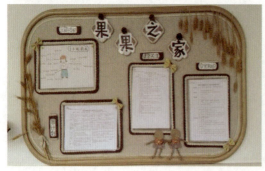

图2-15 幼儿园家园栏设计样例

项目二 幼儿园墙饰环境创设

 任务目的

(1) 了解家园栏的价值及设计要点。
(2) 提高根据幼儿园教育特点设计家园栏的能力。
(3) 培养设计能力、创造能力以及实践运用能力。

 任务要求

(1) 每个班不少于四种风格,突出审美性、创新性和独特性。
(2) 作品标注姓名、班级、日期等,拍照上传到"雨课堂"平台,作品实物进行展览。

 前期准备

(1) 经验准备:通过多种渠道了解家园栏的主要内容及不同制作风格,如自然风、棉麻风、中国风、江南风、卡通风等。
(2) 物质准备:剪刀、白乳胶等工具材料;尺寸为4K的纸板或KT板(打底用)及牛皮纸、瓦楞纸、彩色卡纸、蕾丝等操作材料。以上材料根据制作风格进行准备。

 实训过程

(1) 了解家园栏的主要内容及设计风格,相互交流分享。
(2) 组建4人学习小组,讨论、设计、规划家园栏内容,绘制简易设计图。
(3) 选择小组喜欢的风格进行家园栏制作。
(4) 分享并讲解作品。
(5) 个人自评、小组互评、教师点评,提出修改建议。
(6) 将制作过程剪辑成视频之后在课程学习群分享交流。

 考核标准

(1) 将作品拍照上传到"雨课堂"平台。
(2) 量化打分。风格统一,名称与内容一致,3~4个小栏目清晰明确,能吸引家长积极参与等,得100分。其他根据完成情况酌情打分,具体评分标准如表2-1所示。

表 2-1　"幼儿园家园栏的设计与制作"小组互评打分表

项目	评分细则	参考分值/分	1组	2组	3组	4组	5组	……
设计	1. 整体设计符合幼儿审美特点	10						
设计	2. 设计风格明确，色彩搭配得当	10						
设计	3. 家园栏中包含3~4个小栏目，且布局合理，有童趣	20						
	4. 整体布局及设计风格有创意	30						
制作	5. 能创造性地融入绘画、手工等技法，制作精巧	20						
制作	6. 巧妙利用身边的废旧材料及自然材料进行制作	10						
	总分	100						

附：实训成果展示

项目二　幼儿园墙饰环境创设

家园栏的设计与制作

任务二　幼儿园互动主题墙的设计与制作

 知识链接

幼儿园互动墙饰的制作是一个师幼互动的教学过程。教师不仅要具备设计教学活动方案的能力，还要具备组织与调控教学过程的能力。在制作互动主题墙饰前，教师要培养和调动全体幼儿共同参加活动的兴趣和积极性，可以围绕设计方案中所结合的具体物体展开活动。

 任务目的

（1）了解当前幼儿园主题墙饰创设的现状，掌握互动主题墙的价值及设计要点。

（2）发展制作适合幼儿互动的半成品墙饰的能力，增强学生整体规划的能力和审美力。

（3）增强课程意识，提升学生自主学习的内驱动力。

 任务要求

（1）从主题"探秘春天""风筝""花儿朵朵开""雷锋叔叔您好"中任选一个设计互动主题墙饰，凸显"以幼儿为主体"，突出审美性、创新性和独特性。

（2）作品标注姓名、班级、日期等，拍照到上传到"雨课堂"平台，提交实物布置展区。

 前期准备

（1）经验准备：借助网络资源赏析幼儿园主题活动案例，提前了解幼儿园主题墙的相关内容及设计理念，在"雨课堂"平台讨论区互动交流，畅谈自己的主要观点。

中班班本课程《柿子变身记》

（2）材料准备：各种自然材料及废旧材料；2K 的纸板或卡纸（做底用）；剪刀、彩笔、油画棒或各色颜料、笔刷；各色彩色卡纸、废旧材料、自然材料等。

项目二 幼儿园墙饰环境创设

 实训过程

(1) 经验梳理,了解互动式主题墙饰的设计理念及主要内容。
(2) 组建小组,讨论、分工、规划、设计要制作的内容。
(3) 小组合作,共同完成适当留白的互动主题墙饰制作。
(4) 作品讲述,自我评价、同伴互评、教师点评,提出修改的建议。
(5) 作品拍照上传到"雨课堂"平台,将实物作品用于展览观摩。

 考核标准

(1) 将作品拍照上传到"雨课堂"平台,可分为优秀、良好、一般三个档次量化打分,分数为 60~100 分。
(2) 量化打分。主题风格鲜明,名称与内容统一,内容体现主题进行的过程及幼儿的主体地位发挥,有适当的留白区域等,得 100 分。其他根据完成情况酌情打分,具体评分标准如表 2-2 所示。

表 2-2 "幼儿园互动主题墙的设计与制作"小组互评打分表

项目	评分细则	参考分值/分	1组	2组	3组	4组	5组	……
设计	1. 整体设计美观,符合幼儿情趣	20						
设计	2. 主题墙饰风格与主题内容吻合	10						
设计	3. 问题—探索—发现三部分布局合理,充分体现幼儿的互动参与	30						
制作	4. 巧妙运用绘画、手工等技法,制作精巧	20						
制作	5. 能创造性地利用身边废旧材料及自然材料进行制作	20						
总分		100						

附：实训成果展示

项目二 幼儿园墙饰环境创设

主题海报《春天真美丽》

任务三　幼儿园功能栏目的设计与制作

知识链接

功能性栏目具有很强的实用目的和功能需求。它可以是常规性的栏目，如"班标""家园栏""晨检栏""值日生表"等；还可以是传递一定的学习目标，和幼儿充分互动的栏目，如"新闻视角""气象台""小问号""小小国旗手""主题海报"等，旨在让幼儿通过观察学习，获得一定的知识，使墙饰发挥应有的教育价值。幼儿园功能性栏目样例如图2-16所示。

图2-16　幼儿园功能性栏目样例

任务目的

（1）了解幼儿园常见的功能版面，知道设计要点及对幼儿发展的价值。
（2）发展运用多种材料设计制作的能力，提升色彩搭配、空间布局等审美能力。
（3）热爱生活，关注身边发生的事情，树立一日生活皆课程的理念。

任务要求

（1）从功能性栏目"小小气象台""新闻视角""今天你喝水了吗""我是小小值日生"中任选一个进行设计制作，突出栏目的实用性、审美性、创新性和独特性。
（2）作品标注姓名、班级、日期等，拍照上传到"雨课堂"平台，提交实物用于展览。

项目二　幼儿园墙饰环境创设

 前期准备

（1）经验准备：借助网络资源了解幼儿园功能性栏目的种类、作用及主要设计理念。

（2）物质准备：4K 的纸板或卡纸（打底）；剪刀、彩笔、油画棒、颜料、笔刷等工具材料；根据制作内容及作品风格搜集各种自然材料及废旧材料。

 实训过程

（1）交流分享功能性栏目的种类、设计理念及主要内容。
（2）构建 4 人学习小组，讨论、设计、规划，选择栏目制作内容及制作风格。
（3）明确任务分工，按照尺寸及制作要求，用多元材料进行设计、创作。
（4）功能性栏目分享、讲解、点评。
（5）将作品拍照上传到"雨课堂"平台，将实物作品用于展览。

 考核标准

（1）作品拍照上传到"雨课堂"平台，量化打分在 60~100 分。
（2）作品美观有创意，充分发挥栏目的价值作用，得 100 分。其他根据完成情况酌情打分，具体评分标准如表 2-3 所示。

表 2-3　"幼儿园功能栏目的设计与制作"小组互评打分表

项目	评分细则	参考分值/分	1组	2组	3组	4组	5组	……
设计	1. 整体设计美观，符合幼儿情趣	10						
	2. 栏目布局合理，充分体现幼儿的互动参与性	20						
	3. 在内容选择、材料使用、布局风格方面具有创意	30						
制作	4. 灵活运用绘画、手工等技法进行制作	10						
	5. 做工精巧	30						
总分		100						

附：实训成果展示

幼儿园功能栏目

项目二 幼儿园墙饰环境创设

任务四 幼儿园墙饰环境创设的配色练习

 知识链接

在幼儿园环境创设的过程中，造型作为一种传导方式给人以直观的印象，很容易被重视，而在情感的表达方面，色彩却更胜一筹，因此，幼儿教师对色彩的感受力、审美力是墙饰环境创设的基础。走进幼儿园，我们经常看到许多班级像"打翻的调色盘"，花花绿绿，目不暇接。其实过多的色彩冲击不亚于噪声污染，容易造成幼儿视觉疲劳，而温馨、和谐、典雅的色彩环境更利于幼儿成长。大家在进行环境创设配色的时候要记住这个口诀"确定主色，配以辅色，点缀对比色"。

 任务目的

（1）了解幼儿园环境创设的配色原则，知道配色口诀及对幼儿发展的价值。
（2）发展根据现有空间进行布局及色彩搭配的能力。
（3）培养对幼儿的喜爱之情和对真善美的追求。

 任务要求

（1）根据给出的装修风格进行环境创设、色彩搭配，作品标注姓名、班级、日期等，拍照上传到"雨课堂"平台。幼儿园班级环境装修原图如图2-17所示。
（2）撰写不少于600字的设计方案。

图2-17 幼儿园班级环境装修原图

前期准备

(1) 经验准备:借助网络资源了解幼儿园环境创设的色彩搭配理念,欣赏优秀的配色图片。

(2) 物质准备:4K素描纸;铅笔、彩笔、颜料、笔刷等工具材料。

实训过程

(1) 互动交流幼儿园环境创设的色彩搭配理念及配色要求,分享经验。
(2) 随机组建2人学习小组。
(3) 明确任务要求,讨论交流。
(4) 选择适宜的配色方案,进行规划、设计,并撰写设计方案。
(5) 将设计作品上传到"雨课堂"平台,投稿分享。
(6) 个人自评、小组互评、教师点评,提出修改建议。
(7) 将完善后的作品拍照上传到"雨课堂"平台,将实物作品用于展览。

考核标准

(1) 将作品拍照上传到"雨课堂"平台,量化打分在60~100分。
(2) 作品符合配色要求,给人以美的感受等,得100分。其他根据完成情况酌情打分,具体评分标准如表2-4所示。

表2-4 "幼儿园墙饰环境创设的配色练习"小组互评打分表

项目	评分细则	参考分值/分	1组	2组	3组	4组	5组	……
配色效果	1. 能较好地运用配色口诀,色彩搭配协调	30						
	2. 符合幼儿年龄特点和审美情趣	10						
	3. 绘图精致	10						
方案撰写	4. 文档编辑格式规范,不少于600字	20						
	5. 条理清晰,能较好地阐述配色方案	30						
总分		100						

项目二 幼儿园墙饰环境创设

附：实训成果展示

幼儿园墙面设计的色彩搭配

1. 根据朝向搭配颜色

幼儿园朝东的房间会更早变暗，因为它会随太阳位置变化更早地照不到阳光，所以使用浅暖色通常更安全。

幼儿园朝南的房间日照时间长，冷色的使用往往让人感觉更舒适，房间的效果更迷人。

幼儿园朝西的房间受到西晒的影响，应使用深冷的颜色，这样更舒适。

幼儿园朝北的房间没有直射阳光，所以在选择颜色时，则倾向于使用暖色，并且色度应为浅。

2. 根据用途搭配颜色

幼儿园不同的房间的用途也不一样，教室、餐厅、娱乐室、阅读室、寝室，等等。

教室大厅应该显得明亮、轻松或温暖舒适，而餐厅可以使用深色，厨房总是适合明亮的颜色，但要注意暖色。

走廊只作为通道，因此可以大胆使用颜色，卧室的风格完全取决于不同人群的品位。

3. 根据形状搭配颜色

幼儿园色彩可以在一定程度上改变幼儿们对房间的感觉。

例如，冷色可以使较低的天花板看起来更高，使狭窄的房间看起来更宽。

任务五 幼儿园传统文化墙饰的设计与制作

 知 识 链 接

幼儿园传统文化墙饰是园所环境创设的重要组成部分，可用于公共区域的墙面及班级墙饰环境创设。墙饰内容应该与园所文化氛围或班级主题内容相一致，墙饰色彩也应与周围环境色彩相协调，温馨、和谐、典雅的环境更有利于幼儿的成长。

 任 务 目 的

（1）掌握幼儿园传统文化墙饰的设计要点。
（2）能根据文化主题运用多元材料设计相应的传统文化墙饰。
（3）培养对传统文化的热爱之情及审美能力。

 任 务 要 求

（1）根据给出的文化素材"二十四节气""中国字""京剧"等设计传统文化装饰墙饰。
（2）用多元材料设计制作墙饰，呈现墙饰布局的局部效果。
（3）撰写设计方案，描述传统文化墙饰的整体效果。

 前 期 准 备

（1）经验准备：借助网络资源了解"二十四节气""中国字""京剧"等传统文化的相关内容。
（2）物质准备：4K硬纸板；铅笔、彩笔、颜料、笔刷；用于立体制作的相关材料等。

 实 训 过 程

（1）交流前期资料搜集情况，分享经验。
（2）组建4人学习小组，确定传统文化墙饰的设计方案，并绘制草图。
（3）小组讨论，做好任务分工。
（4）选择适宜的材料，进行规划设计及方案撰写。
（5）讲解员阐述自己小组的创意。

项目二　幼儿园墙饰环境创设

（6）个人自评、小组互评、教师点评，提出完善修改的建议。

（7）将作品拍照上传到"雨课堂"平台，将实物作品用于展览。

 考核标准

将作品拍照上传到"雨课堂"平台，量化打分在 60~100 分，具体评分标准如表 2-5 所示。

表 2-5　"幼儿园传统文化墙饰的设计与制作"小组互评打分表

项目	评分细则	参考分值/分	1组	2组	3组	4组	5组	……
墙饰设计	1. 色彩布局美观，符合幼儿审美情趣	20						
	2. 构图设计及材料运用有创意	30						
方案撰写	3. 主题明确，文档格式正确	10						
	4. 方案撰写不少于300字	10						
作品讲解	5. 落落大方	10						
	6. 表达简洁流畅，能清晰地描述本小组的设计思路	20						
总分		100						

附：实训成果展示

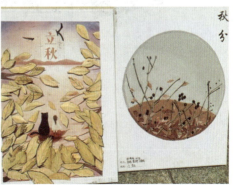

知识拓展

(一)环创案例分析

案例:秋天到了,幼儿园开展了有关"柿子"的主题活动,图2-18是两个班级的教师在本主题中的环境创设,请问你更喜欢哪一张?为什么?

图2-18 幼儿园环境创设样例

(二)世界幼儿园环境赏析(请扫码观看)

项目二　幼儿园墙饰环境创设

> 检测回顾

一、单选题

1. 墙饰的装裱应考虑安全、环保，下列材质不能使用的是（　　）。
   A. KT 板　　　　B. 木条　　　　C. 卡纸　　　　D. 玻璃

2. 元旦的主题墙要以欢快、热闹为主，让幼儿充分感受到节日的喜悦气氛。元旦节是辞旧迎新的节日，所以（　　）为主要颜色。
   A. 红色　　　　B. 黄色　　　　C. 蓝色　　　　D. 绿色

3. 幼儿园环境是幼儿成长的（　　）。
   A. 第一位老师　　　　　　　　B. 第二位老师
   C. 第三位老师　　　　　　　　D. 第四位老师

4. 家园联系栏是幼儿园环境设计中作为幼儿园和家庭之间联系的枢纽设计。下列不属于其主要功能的是（　　）。
   A. 重要通知　　　　　　　　　B. 幼儿园课程
   C. 友情提醒　　　　　　　　　D. 作品展示

二、多选题

1. 幼儿园墙壁布置过程中，我们要注意（　　）。
   A. 合理性　　　　　　　　　　B. 丰富性
   C. 安全性　　　　　　　　　　D. 趣味性

2. 幼儿园主题墙饰的种类有（　　）墙饰。
   A. 欣赏类　　　　　　　　　　B. 游戏类
   C. 朗读类　　　　　　　　　　D. 趣味类

3. 主题墙饰的布置必须确定幼儿的主体地位，以幼儿的（　　）为中心。
   A. 兴趣　　　　B. 经验　　　　C. 需要　　　　D. 想法

三、简答题

1. 幼儿园墙饰设计的原则有哪些？
2. 幼儿园墙饰设计常用的技法有哪些？

检测回顾答案

反思总结

亲爱的同学们：

　　一所幼儿园及一个班级的墙饰环境创设不仅反映了教师的动手能力及艺术品位，还折射了教师的教育观、儿童观、课程观等保教理念水平。通过本项目的学习，你对幼儿园墙饰环境创设有哪些思考和收获呢？请写出来吧！

项目三

幼儿园室内区域环境创设

项目描述

大家好，我是新入职的小慧老师。

我们知道，室内区域活动是幼儿园非常重要的活动形式之一，在区域活动中，幼儿的主体地位得到充分发挥，兴趣和需要得到充分满足，个性得以彰显。但是，有了区域活动，幼儿就一定能得到好的发展吗？其实不然。区域的设置、材料的投放、教师的介入等都会对区域活动的质量产生重大影响。

那么在区域活动之前，教师应该做好哪些适宜的环境支持，以满足幼儿发展的需求呢？请跟随小慧老师的脚步，一起进入幼儿园室内区域环境创设这一项目的学习吧！

项目导航

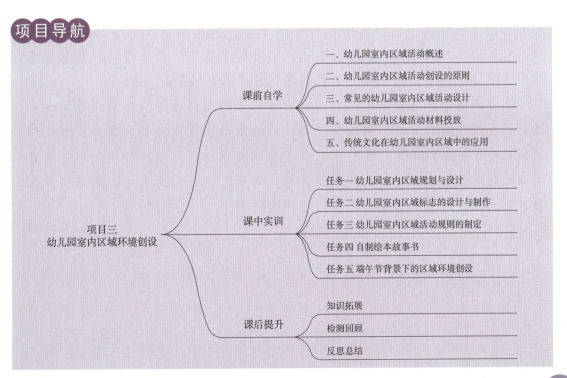

项目三 幼儿园室内区域环境创设
- 课前自学
  - 一、幼儿园室内区域活动概述
  - 二、幼儿园室内区域活动创设的原则
  - 三、常见的幼儿园室内区域活动设计
  - 四、幼儿园室内区域活动材料投放
  - 五、传统文化在幼儿园室内区域中的应用
- 课中实训
  - 任务一 幼儿园室内区域规划与设计
  - 任务二 幼儿园室内区域标志的设计与制作
  - 任务三 幼儿园室内区域活动规则的制定
  - 任务四 自制绘本故事书
  - 任务五 端午节背景下的区域环境创设
- 课后提升
  - 知识拓展
  - 检测回顾
  - 反思总结

教学目标

知识目标

1. 明确幼儿园室内区域环境创设的内涵及意义。
2. 掌握幼儿园室内区域布局的基本理念及设计原则。
3. 掌握室内区域材料投放的相关原则。

能力目标

1. 能够运用室内区域创设的基本理论,对幼儿园活动区域环境进行评析。
2. 能够运用多种材料和技法创造性地进行区域环境布局。
3. 能够根据教学目标及幼儿特点等合理投放区域材料。

素质目标

1. 发展灵活变通的工作能力。
2. 培养尊重幼儿、用心工作的职业素养。

教育家思想

蒙台梭利十分重视环境,她认为环境是重要的教育内容,而且教育方法的许多方面亦由环境决定。儿童需要适当的环境才能正常地发展,完善其人格。她说:"在我们的学校中,环境教育儿童。"对于周围的环境,成人可以记住它,可以欣赏它,但是幼儿却吸收了它,幼儿不仅记住了环境的一部分,而且内化为心智的一部分。如果我们给幼儿准备一个良好的、有教育意义的生活环境,那么对于他的自我构建将会有很大的帮助。

在室内区域环境创设中,教师要关注幼儿的个体差异,为幼儿提供适宜的材料支持和精神支持,鼓励其在与材料的互动中获得成长。正如蒙台梭利所说:"要给孩子自由,促进他们自发性地表现自己,然后加以观察。这里所谓的给孩子自由,并不是放纵的意思,简单地说自由的意义就是活动,让孩子自由选择对象、自由决定做到何种程度等。"

项目三 幼儿园室内区域环境创设

一、幼儿园室内区域活动概述

区域活动，也称为活动区活动，一般以幼儿个体或小组活动为主，教师为幼儿提供适宜的活动区域和多样化的活动材料，引导幼儿进行自主活动。幼儿在活动区中与环境、材料、同伴产生互动和交流，并获得新的知识、经验。区域活动是幼儿园课程实施的一种重要组织形式。

《3～6岁儿童学习与发展指南》中指出："每个幼儿在沿着相似进程发展的过程中，各自的发展速度和到达某一水平的时间不完全相同，要充分理解和尊重幼儿发展进程中的个别差异，支持和引导他们从原有水平向更高水平发展。"区域活动就很好地满足了幼儿的个体差异，充足的区域时间、空间，自主选择的游戏玩伴和内容，使幼儿能够按照自己的兴趣、能力和需要，在自由、宽松、愉悦的氛围中不断探索、交流、尝试，解决遇到的一个个问题，从而获得自信，体验成功和快乐。区域活动的过程是幼儿自由选择、自我探索、自我发现、自我完善的过程。

二、幼儿园室内区域活动创设的原则

（一）教育性原则

幼儿园活动区的设置应遵循教育性原则，要以教育目标、幼儿年龄段经验及本班幼儿的实际发展水平为依据，创设合适的区域，投放适宜的材料。例如，依据大班数学领域的目标，投放"数字转转乐"玩具，引导幼儿在操作的过程中练习10以内数的加减。数字转转乐玩具样例如图3-1所示。

图3-1 数字转转乐玩具样例

（二）整体性原则

幼儿园活动区设置的整体性原则主要体现在三个方面：活动室布局、活动内容安排、幼儿发展。

首先，活动室布局的整体性。整个活动室的布局、色彩要协调、统一，教师要把橱柜的摆放、墙面的布局、色彩的搭配等协调起来，使整个班级环境温馨、整洁而有童趣。幼儿园室内区域整体布局样例如图3-2所示。

图3-2　幼儿园室内区域整体布局样例

其次，活动内容安排的整体性。教师要根据当前主题内容来设置区域活动，让幼儿在全方位整合的环境中游戏和学习。如中班主题"西瓜甜甜"背景下区域活动内容：信息交流区"西瓜大王"，生活体验区"西瓜冷饮"，美工区"西瓜印染"，语言区"阅读绘本《蚂蚁和西瓜》"，建构区"蚂蚁王国"，科学区"有趣的西瓜船"等。幼儿园室内区域活动样例如图3-3所示。

图3-3　幼儿园室内区域活动样例

图 3-3　幼儿园室内区域活动样例（续）

最后，幼儿发展的整体性主要体现幼儿的发展是一个整体。因此，活动区的内容应包含健康、语言、社会、科学、艺术五个领域的内容，各个活动区的内容相互渗透和整合，从不同角度促进幼儿情感、态度、能力、知识、技能等方面的发展。

（三）共同性原则

区域设置应遵循共同性原则，通过区域活动的开展促进全体幼儿共同发展。针对幼儿的个体差异，教师在材料的投放上要体现分层、递进、多样的特点，使不同能力水平的幼儿在区域活动中都能从原有水平向更高水平发展。例如，串珠系列玩具投放，从珠子的材质、大小，针的材质和有无到绳子的材质、粗细等，均体现了投放的分层、递进和多样，以满足不同水平幼儿的发展需求。在此基础上，为弥补因空间不足而造成的区域设置不全问题，平行班级或同楼层班级之间可实现区域的联动，利用门厅、走廊一角等空间，实现资源的有效整合。幼儿园区域的联动样例如图3-4所示。

图3-4　幼儿园区域的联动样例

（四）动态性原则

区域的设置和材料的投放并非一成不变的，教师要根据主题的变化和幼儿的发展需求及时更换区域、更新材料，以满足幼儿的好奇心和求知欲。例如，中班主题是"马路上的车"，教师可根据主题内容设置相关区域"汽车美容店""汽车加油站""汽车修理厂"等。幼儿园主题背景下的区域创设样例如图3-5所示。

（五）参与性原则

幼儿是环境的主人。教师在区域设置的过程中要充分遵循参与性原则，发挥幼儿的主观能动性，在区域布局、规则约定、材料搜集、玩具投放、跟进互动等方面充分尊重幼儿的意愿，引导幼儿积极参与区域的建设，在亲身体验的过程中学习与发展。例如，在"材料筐的诞生"主题活动中，中一班的小朋友在美工区进行立体手工制作，由于用到的材料比较多，因此许多幼儿会反复到旁边的玩具橱拿取不同的材料。在区域分享环节，西西提议："这样太浪费时间了，要是有个小盘子一次把所用到的美工材料全拿过来就好了……"经过一次次的验证、调整，美工区的"自选式材料筐"就诞生了，如图3-6所示。

图3-5　幼儿园主题背景下的区域创设样例

图3-6　自选式材料筐的诞生

三、常见的幼儿园室内区域活动设计

教师在进行室内区域活动设计的时候，要依据《幼儿园教育指导纲要（试行）》中五大领域的目标要求，确定区域的种类和数量，然后再根据现有的条件因地制宜地进行规划及材料投放，最大可能地为幼儿提供环境及材料支持，保证幼儿区域活动的质量，从而促进幼儿全面发展。

目前，幼儿园班级中常规区域有语言区、建构区、美工区、科学区、表演区、益智区等，还有一些是根据主题进行设计的相关区域，如在中班主题"西瓜圆圆"中，常规性的区域有阅读区、建构区、科学区、益智区、美工区等，根据幼儿的兴趣需要生成的主题相关区域有"西瓜饮吧""信息台""搭建蚂蚁城堡"等区域,这些区域与主题的内容融合度较高,呈现幼儿当前非常关切的问题。当然,在主题开展过程中,常规性区域也会和主题目标相关联,如在阅读区教师会有意识地投放绘本《蚂蚁和西瓜》,引导幼儿进行精读,幼儿的阅读兴趣和阅读经验会迁移到其他区域游戏中;在建构区幼儿搭建心中的蚂蚁王国;在美工区幼儿用多元材料表达对蚂蚁和西瓜的理解;在表演区幼儿创作剧本、表演童话剧等。幼儿会在交流、操作和问题解决的过程中不断建构新的知识经验。

四、幼儿园室内区域活动材料投放

幼儿园区域环境创设最关键的要素之一就是材料投放。对教师来说,材料就是教育目标和教育内容的物化体现;对幼儿来说,材料是主动建构经验和认识周围世界的媒介和桥梁。因此,适宜的、精准的材料投放是保证幼儿高质量区域活动的前提,也是教师专业素质的综合体现。

(一)科学选择材料

幼儿园区域材料的来源不外乎直接购买、教师制作、师幼共同搜集等三种方式,无论是哪一种搜集方式,都应该注意以下几点。

1. 安全性

教师在选择材料的时候,要把材料的安全性放在首位,选择无毒、无害、没有安全隐患的材料进行投放,防止幼儿在使用过程中发生安全事故。

2. 适宜性

材料要适合幼儿发展目标、特点和水平,适合幼儿的已有经验、兴趣和需要,满足幼儿的最近发展区,以供幼儿自由探究,获得新发现。

3. 丰富性

材料的种类和数量要充足,以满足幼儿自由选择的可能性。但是,材料并非越多越好,过多的材料可能会让幼儿无所适从,导致幼儿不专注、目标不明确等,让幼儿的探究活动失去方向。

4. 可操作性

投放在区域中的材料不是作为摆设,是提供给幼儿进行自主游戏和操作,所以,一定要突出材料的可操作性和变化性,这样才能适合幼儿的年龄段特点,符合幼儿的兴趣需要,满足幼儿的个性发展。

5. 地域性

材料准备是教师教学准备的重要内容之一,往往会耗费教师很多的精力。其实,在材料搜集的过程中,教师不必舍近求远,只要巧用身边的地域资源就可以达到教育的目的。例如,在设计大班10以内数的分合教具的时候,沿海城市的教师们可以选择贝壳、鹅卵石等,乡村幼儿园的教师可选择木棍、玉米粒、石子等,在幼儿物化操作的过程中同样可以达成练习10以内分合的目的。

(二)精准投放材料

如何投放搜集来的众多材料体现的是教师对材料的把握,对幼儿兴趣爱好的把握,对幼儿能力水平及教育目标的把握等,具体要注意以下几点。

1. 整齐有序地投放材料

在日常教学中我们发现,许多教师会一股脑地把材料摆上橱柜,幼儿玩几次之后,材料就乱七八糟地堆砌在一起,无从下手。因此,教师在投放的时候要根据材料的特点放置在适宜的筐子或托盘中,再摆放到橱柜当中。每一个材料筐要设置不同的标识,一一对应,便于幼儿物归原处、自由取放。幼儿园材料摆放样例如图3-7所示。

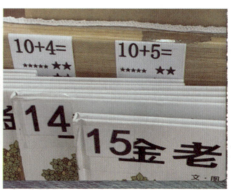

图3-7 幼儿园材料摆放样例

2. 根据目标投放材料

区域材料的投放绝不是简单的呈现,而是根据幼儿年龄段经验和当前主题活动目标有序进行。每一个有价值的区域材料会将教育目标巧妙地隐藏在材料中,让幼儿在与材料互动的过程中获得学习与发展。

3. 有层次地投放材料

有层次地投放材料,体现在两个方面:一是根据幼儿的年龄特点,按照材料操作的难易程度有序地投放;二是同样的目标材料,要考虑到幼儿的个体差异,按照不同的操作层次进行投放,以满足他们不同的需求。幼儿园按层次投放材料样例如图3-8所示。

4. 及时更新材料

任何材料的投放都不是一劳永逸的,教师们经常会发现,材料投放后幼儿玩了几天就不感兴趣了,那该怎么办?教师要学会跟随幼儿园课程的开展、幼儿在操作中的状态等不断反思、调整材料的目标,多听一听幼儿的建议和想法,将材料重组、替换、补充

图 3-8　幼儿园按层次投放材料样例

等，以满足幼儿的兴趣和需要。在新旧材料的更替过程中，教师要注意把握新旧材料的比例，注意并非新材料越多越好，据研究发现，幼儿园新旧材料的比例以 1∶2~1∶3 为宜，这样的配比可以促使幼儿在摆弄新材料的同时，创造性地运用旧材料。

五、传统文化在幼儿园室内区域中的应用

中华优秀传统文化是中国人民智慧的象征，幼儿园可将优秀的传统游戏内容融入幼儿园区域游戏中，丰富幼儿的学习资源。

（一）结合幼儿年龄特点融入传统游戏

在日常生活中，教师可结合本班幼儿的年龄特点，将丰富的传统游戏资源融入室内区域游戏中。如民间棋类游戏"憋死牛""狼吃小孩"等就是幼儿非常喜爱的传统游戏，教师可根据幼儿年龄特点经过适宜的改编投放到益智区，会极大地激发幼儿的学习兴趣，锻炼幼儿的交流合作及逻辑思维能力。另外，如国画、剪纸、泥塑、刺绣、编织等传统艺术都可以作为非常好的游戏资源融入区域游戏中，不仅发展了幼儿感受美、欣赏美的能力，而且对幼儿的空间知觉、动手能力、审美创造等都有重要的作用。传统棋类游戏如图 3-9 所示。

图 3-9　传统棋类游戏

（二）根据主题课程融入传统游戏

在主题进行的过程中，教师可根据主题内容挖掘优秀的传统游戏资源，融入幼儿园区域活动。如主题"我是中国人"，可将中国文字的起源演变、中国建筑工艺、中国厨艺、中国戏曲、中国武术以及中国地域文化等有选择地融入区域游戏，引导幼儿在看看、学学、做做的过程中，获得知识、能力的提升，萌发对中国文化的热爱。传统文化资源融入区域游戏如图3-10所示。

图3-10　传统文化资源融入区域游戏

（三）家园共育挖掘传统游戏的价值

《幼儿园教育指导纲要（试行）》指出："家长是幼儿园重要的合作伙伴。应本着尊重、平等的原则，争取家长的理解、支持和主动参与，并积极支持、帮助家长提高教育能力。"因此，幼儿园可广泛发动家长资源，吸引家长参与到传统游戏的互动和传播中来，实现家园共育的优质互动。比如，可利用"六一节""重阳节"等节日活动，组织"爷爷奶奶带我玩小时候的游戏"亲子活动，通过问卷调查，邀请爷爷奶奶来园充当助教等，这些不仅可以增进亲子沟通，还可以让更多的传统游戏进入幼儿的视野，激发他们学习玩耍的兴趣。

翻花绳

课中实训

任务一 幼儿园室内区域规划与设计

知识链接

教师在进行室内区域具体规划和合理布局的时候,需要考虑以下几点。

1. 大小有别

如对于人数多、活动量大的建构区和表演区应安排宽敞的空间;对于相对安静的区域,如益智区应安排稍小一点的空间。

2. 动静分开

把建构区、角色区、表演区等热闹的活动区和阅读区、美工区、益智区等相对较安静的活动区分开,避免互相干扰。

3. 有机组合

把便于结合起来的活动区相邻组合,如娃娃家、超市、小医院、建构区等,便于幼儿区域互动。

4. 考虑采光、取水因素

如图书区和美工区应放在光线充足的地方;科学区、绘画区等应离水源近一些,便于取水,方便清洗。

幼儿园室内区域设置

任务目的

(1)知道幼儿园常规区域的构成,明确区域规划的基本理念及原则。

(2)能够对活动室空间进行合理规划、布局、设计,提升统筹规划能力。

(3)养成做事认真、专注的良好品质。

项目三 幼儿园室内区域环境创设

 任务要求

（1）根据小班幼儿的身心发展特点以及游戏发展水平，设计小班活动室的活动区种类。

（2）根据给定的条件，对小班活动室进行区域环境设计，写出设计方案（不少于600字），说明自己的设计思想。小班活动室平面图如图3-11所示。

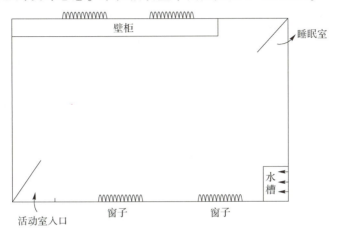

图3-11 小班活动室平面图

（3）仿照前面的范例，画出规划图与设计图。要求合理运用以下设备：高柜子3个，高架子1个，玩具架8个，低书架2个，小柜2个，6人长方桌椅2套，地毯1块。鼓励创造性地利用其他资源。

 前期准备

（1）经验准备：通过网络资源，了解幼儿园室内区域活动的设计原则及注意事项，丰富有关室内区域活动的相关经验。

（2）物质准备：4K素描纸，各色彩色卡纸，剪刀，彩笔、油画棒或各色颜料，笔刷，各种立体废旧材料。

 实训过程

（1）报数游戏，组建2人学习小组。

（2）根据要求商讨小班区域规划方案。

（3）采用多种形式规划设计小班室内区域布置图，并撰写规划方案。

（4）讲解小组设计方案，个人自评、小组互评、教师点评。

（5）设计图及设计方案拍照上传到"雨课堂"平台，将实物作品用于展览。

考核标准

（1）将作品拍照上传到"雨课堂"平台，量化打分在 60~100 分。

（2）作品构图规范有美感，符合命题要求，区域布局科学合理等，得 100 分。其他根据完成情况酌情打分，具体评分标准如表 3-1 所示。

表 3-1 "幼儿园室内区域规划与设计"小组互评打分表

项目	评分细则	参考分值/分	1组	2组	3组	4组	5组	……
规划设计	1. 整体设计整洁、美观	10						
	2. 每个班级 5~6 个区域	10						
	3. 整体布局科学、合理	30						
方案撰写	4. 格式规范，不少于 600 字	10						
	5. 条理清晰	10						
阐述讲解	6. 仪态落落大方	10						
	7. 能清晰地阐述设计意图及布局方法	20						
总分		100						

附：实训成果展示

项目三 幼儿园室内区域环境创设

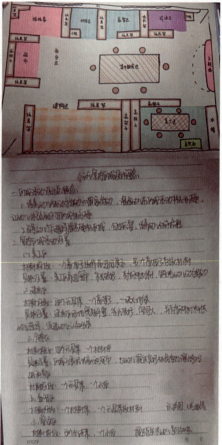

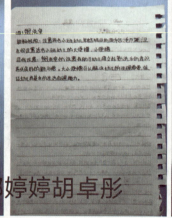

幼儿园室内区域规划与设计（1）　　幼儿园室内区域规划与设计（2）

项目三 幼儿园室内区域环境创设

任务二 幼儿园室内区域标志的设计与制作

 知识链接

为方便幼儿快速找到自己感兴趣的活动区域,各活动区要分别设置能体现本活动区特色并能够被幼儿理解的标志。标志的选择应充分考虑幼儿的年龄特点。对于小班的幼儿来说,标志应该是简单、明快的,图画应带有明显的指向性,便于幼儿理解。对于大班的幼儿来说,其抽象思维有所发展,识字量也相应增加,可以用文图结合方式进行标志,在理解区域内容的同时,也激发了幼儿对汉字的兴趣。标志的文字内容要突出幼儿的主体地位,用幼儿讨论的结果作为区域名称,增加幼儿对区域活动的兴趣。幼儿园室内区域标志样例如图3-12所示。

图3-12 幼儿园室内区域标志样例

 任务目的

(1) 知道幼儿园主要的常规区域,掌握区域标志设计的要点。
(2) 提升运用多种技法设计制作的能力,培养学生的文字概括与审美能力。
(3) 树立"以幼儿为本"的课程意识,培养尊重幼儿、热爱幼儿的职业素养。

 任务要求

(1) 从五大领域的区域标志中任选一个进行制作。
(2) 标志的材质、尺寸不限,要突出审美性、创新性、功能性和独特性。
(3) 作品要标注"姓名、班级、日期"等,拍照上传到"雨课堂"平台,提交实物用于布置展区。

前期准备

（1）经验准备：通过多种渠道了解幼儿园室内区域标志名称及不同的制作风格。
（2）物质准备：根据设计风格搜集所需要的自然材料及废旧材料；准备剪刀、彩笔、颜料、笔刷等辅助材料。

实训过程

（1）构建4人学习小组，提前商量讨论设计制作的内容。
（2）明确任务要求，小组成员合理分工，制定实施方案。
（3）小组合作，按照尺寸及制作要求，用多元材料进行创作。
（4）作品分享、讲述、点评。
（5）将作品拍照上传到"雨课堂"平台，将实物作品用于展览。
（6）进园实习的时候，请幼儿教师点评制作的区域标志，并同幼儿园的标志进行对照，分析自己作品的优点和不足。

考核标准

（1）将作品拍照上传到"雨课堂"平台，量化打分在60~100分。
（2）作品符合幼儿年龄段特点，能够创造性地利用身边现有材料，美观有创意，能充分体现班级的风格等，得100分。其他根据完成情况酌情打分，具体评分标准如表3-2所示。

表3-2 "幼儿园室内区域标志的设计与制作"小组互评打分表

项目	评分细则	参考分值/分	1组	2组	3组	4组	5组	……
设计	1. 整体设计美观	10						
设计	2. 符合幼儿年龄段特点及区域内容，有童趣	30						
设计	3. 在造型设计及材料选择方面有创意	30						
制作	4. 做工精巧	10						
制作	5. 能灵活运用多种手工技巧进行制作	20						
总分		100						

幼儿园室内区域标志

项目三 幼儿园室内区域环境创设

任务三 幼儿园室内区域活动规则的制定

知识链接

为了保障室内区域活动的顺利开展，教师会和幼儿一起讨论进出各个区域需要注意的一些问题，经过一次次地梳理提炼，就形成了大家进出这个区域的共同约定，也就是区域活动规则，包括区域活动的人数、区域活动时的注意事项、材料的收拾归纳等问题，从而保证区域活动有序进行。

需要注意的是，规则的制定并不是一成不变的，在教师的支持下，幼儿会随着区域活动的进行不断调整和完善区域规则，使之内化成班级每个成员的共同约定。

任务目的

（1）掌握区域活动规则制定的要点，并能灵活运用。
（2）提升文字提炼、编辑及绘图能力。
（3）养成善于思考、团结协作、精益求精的职业素养。

任务要求

（1）为"皮影戏小剧场""表演区"或其他活动区域制定大班或小班的区域活动规则。幼儿园皮影小剧场和表演区样例如图3-13所示。

图3-13 幼儿园皮影小剧场和表演区样例

（2）文字提炼要精准，图文结合，体现幼儿年龄特点。
（3）设计突出审美性、创新性、趣味性和独特性。

(4）作品要标注"姓名、班级、日期"等，拍照上传到"雨课堂"平台，提交实物用于布置展区。

 前期准备

（1）经验准备：通过资料搜集及随园实习，学生对室内区域活动规则有一定的了解。

（2）物质准备：4K素描纸或彩色卡纸1张；根据设计风格准备需要的其他辅助材料；剪刀、彩笔、油画棒或各色颜料、笔刷等。

 实训过程

（1）游戏互动，构建2人学习小组。

（2）从"皮影戏小剧场""表演区""建构区""阅读区"中任选一个讨论交流，提炼符合小班或大班幼儿年龄特点的区域规则。

（3）适当分工，文字撰写，绘图设计。

（4）作品分享，相互评价，总结提升。

（5）将作品拍照上传到"雨课堂"平台，将实物作品用于展览。

（6）入园实习期间，分析实习班级的区域活动规则，并提出自己的建议。

 考核标准

（1）将作品拍照上传到"雨课堂"平台，量化打分在60~100分。

（2）文字提炼简洁易懂，布局美观、有创意，符合幼儿的年龄特点等，得100分。其他根据完成情况酌情打分，具体评分标准如表3-3所示。

表3-3 "幼儿园室内区域活动规则的制定"小组互评打分表

项目	评分细则	参考分值/分	1组	2组	3组	4组	5组	……
设计	1. 整体设计美观，符合幼儿情趣	20						
	2. 图文结合，符合小班或大班幼儿年龄段特点	30						
	3. 色彩、造型等风格设计与区域环境一致	10						
绘制	4. 巧妙使用艺术字体	10						
	5. 绘制精巧，能准确表达规则含义	30						
总分		100						

项目三 幼儿园室内区域环境创设

附：实训成果展示

幼儿园室内区域活动规则制定（1）　　幼儿园室内区域活动规则制定（2）

任务四　自制绘本故事书

 知识链接

绘本并不是一般意义上写给幼儿的、带插画的书。绘本是用图画与文字共同叙述一个故事，表达特定情感和主题的读本，通过绘画和文字两种媒介互动来讲故事的一门艺术。在绘本中，图画不再是点缀，而是图书的命脉，甚至有些绘本，一个字也没有，只用绘画来讲故事。优秀的绘本都比较唯美，版式精到独特，以封面、扉页、内容及封底，构成一个近乎完美的整体。一本优秀的绘本，可以让不认字的幼儿，"读"得津津有味。

绘本《蓝色大海的传说》

 任务目的

（1）知道绘本故事书的内涵、构成要素及在幼儿园的应用价值。
（2）掌握自制绘本故事书的基本方法。
（3）能从内容、制作方式等方面创造性地进行绘本制作。

 任务要求

（1）自制绘本必须包含封面、扉页、内容、封底等四个部分。
（2）具体故事内容、制作材质及制作方式不限，绘本页数不少于16页。
（3）注重作品的儿童性、审美性、独特性和创造性。

 前期准备

（1）经验准备：学习优秀绘本的相关经验，了解多种自制绘本的方式方法。
（2）物质准备：彩色卡纸、素描纸；剪刀、彩笔、颜料；布、海绵纸、瓦楞纸等各种辅助材料。

项目三　幼儿园室内区域环境创设

 实训过程

(1) 讨论交流：自己喜欢的绘本及绘本的多种制作方式。
(2) 构建 4 人学习小组，明确任务要求。
(3) 讨论自制绘本故事书的内容及制作方式，形成初步的制作方案。
(4) 做好小组成员分工，进行设计制作，最终合成一本完整的绘本故事书。
(5) 分享讲解，个人自评、小组互评、教师点评。
(6) 将自制绘本以 PPT 的形式上传到"雨课堂"平台，将实物作品用于展览。
(7) 剪辑自制绘本小视频在学习群分享交流。
(8) 展览过后，将自制绘本图书送给实习幼儿园，投放到阅读区，听一听幼儿的反馈建议。

 考核标准

作品内容符合幼儿年龄特点，有创意，创造性地使用现有材料进行绘本制作，作品有童趣、美观等，得 100 分。其他根据完成情况酌情打分，具体评分标准如表 3-4 所示。

表 3-4　"自制绘本故事书"小组互评打分表

项目	评分细则	参考分值/分	1组	2组	3组	4组	5组	……
绘本设计	1. 整体设计美观，符合幼儿情趣	10						
	2. 以图为主，符合幼儿年龄特点	10						
	3. 绘本构成要素完整	10						
	4. 从内容、材料选择到设计技法等有创意	20						
绘本制作	5. 做工精美	10						
	6. 巧妙运用多种技法，突出趣味性	10						
绘本讲解	7. 仪态落落大方	10						
	8. 讲述简洁，语言流畅，逻辑清晰	20						
总分		100						

附：实训成果展示

项目三　幼儿园室内区域环境创设

视频：自制绘本故事书（学生作品）

《乌鸦喝水》　　　　《神奇的变色龙》　　　　《长颈鹿的食物》

幼儿自制绘本《遇见春天》

任务五　端午节背景下的区域环境创设

知识链接

端午节与春节、清明节、中秋节并称为中国四大传统节日。端午文化在世界上影响广泛，其他一些国家和地区也有庆贺端午节的活动。2006年5月，国务院将其列入首批国家级非物质文化遗产名录。2009年9月，联合国教科文组织正式批准将其列入人类非物质文化遗产代表名录，端午节成为中国首个入选世界非遗的节日。端午节习俗众多，且丰富有趣，如包粽子、缝香包、系五彩绳、碰蛋、插艾等，深得广大人民的喜爱，因此，端午节也被纳入幼儿园的课程资源。

节日背景下区域游戏环境创设的要点

端午节的由来

端午节绘本故事《不是方的，不是圆的》

幼儿园端午节游园活动

项目三 幼儿园室内区域环境创设

 任务目的

(1) 了解端午节的文化内涵及价值,掌握节日文化背景下区域布局的基本要点。
(2) 能用现代化的信息技术手段进行节日背景下的区域布局。
(3) 激发作为中国人的自豪感,树立文化自信。

 任务要求

(1) 运用以前所学知识及现代化的信息技术手段进行端午节氛围下的区域游戏布局。
(2) 撰写不少于600字的设计方案。

 前期准备

(1) 经验准备:了解端午节的文化内涵及主要习俗,知道室内区域布局的要点。
(2) 物质准备:电脑、纸和笔。

 实训过程

(1) 组建4人学习小组。
(2) 头脑风暴:端午节的文化习俗。
(3) 通过"中国年"这一主题环境创设案例,掌握节日氛围下环境布局的几个要点:色彩搭配、亮点突出、区域设置。
(4) 明确任务。根据楼层公共空间及班级布局(见图3-14),选择小组完成的任务。

图3-14 楼层公共空间及班级布局

(5) 小组讨论。确定任务分工并讨论实施方案,具体分工有:电脑制图员、文案撰写员、素材查找员、汇报讲解员。
(6) 任务实施。在方案实施的过程中,边实践边进一步完善调整自己的方案。

（7）汇报讲解。共享屏幕，各小组阐述自己的设计理念。

（8）各小组自评，同伴互评并打分，教师总评讲解，关键点纠错。

（9）将作业提交到"雨课堂"平台，并完成后续任务拓展：制定一份《幼儿园端午节游园活动实施方案》，包含活动目标、活动准备、参与人员、注意事项、活动过程等。

考核标准

根据作品内容细化考核标准，具体评分标准如表 3-5 所示。

表 3-5 "端午节背景下的区域环境创设"小组互评打分表

项目	评分细则	参考分值/分	1组	2组	3组	4组	5组	……
设计规划	1. 整体设计美观	10						
	2. 符合节日环境创设及区域布局的基本要求	20						
	3. 区域名称同节日习俗联系密切	30						
阐述讲解	4. 仪态自信大方	10						
	5. 讲解不超过 2 分钟	10						
	6. 语言精练，设计方案表述清晰	20						
总分		100						

项目三 幼儿园室内区域环境创设

知识拓展

（一）实践练习

根据本项目学习内容，借助入园实习机会，参观某幼儿园某班级的活动室，运用环境创设的相关理论分析该班在室内区域布局方面的优点与不足，并撰写一份具有个人独立见解的分析报告。

（二）思考并回答

仔细观察图 3-15 所示的美工区，从材料投放方面分析，教师是如何营造"会说话的环境"的？这些"标志"和"工具摆放的方式"告诉了幼儿什么？

图 3-15 幼儿园美工区

美工区"来创作吧"

(三)推荐阅读

(1)适合0~7岁孩子阅读的绘本书目(请扫码阅读)。

(2)教育部《幼儿园保育教育评估指南》(请扫码阅读)。

(3)《3~6岁幼儿学习与发展指南》(请扫码阅读)。

(四)幼儿园室内区域环境(请扫码学习)

《飞向太空》班级课程环境

《火星城市》建构区环境

科学区环境创设

项目三 幼儿园室内区域环境创设

语言区环境创设

（五）幼儿园室内区域游戏案例赏析

案例一：大班建构游戏《未来的垃圾处理器》

一、活动背景

在开展"垃圾分类，从我做起"主题活动中，孩子们参观了垃圾分类主题公园以及垃圾压缩机器后，对垃圾处理办法产生了浓厚的兴趣，于是我便搜集筛选了处理各类垃圾的视频提供给他们，进一步拓展相关经验。既能减少污染又能变废为宝的现代化处理办法激发了孩子们的创作愿望。他们用绘画、制作、拼插等多种形式表征出了各种功能的垃圾处理机器，而且搭建区的孩子们计划搭建一个未来垃圾处理器，他们讨论制订了计划。搭建计划如图3-16所示。

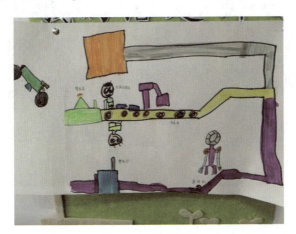

图3-16 搭建计划

二、活动内容与过程实录

（一）搭建垃圾储存站

1. 垃圾储存站初步成型

根据计划，孩子们商量："先搭一个垃圾储存站，垃圾运过来后先存放在这里，再进入传送带。"达成共识后，孩子们便开始行动。搭建垃圾储存站如图3-17所示。

2. 安装空气净化器——让运来的垃圾臭味变小

"垃圾倒进来臭味不就出来了吗？"张誉诚说。为了让垃圾运送过来时没有臭味，孩

图 3-17　搭建垃圾储存站

子们开始思考处理办法。徐文远说:"把入口处堵上一半,垃圾下来直接进入传送带"。秦振宸觉得这办法还是没有解决臭味问题,庄康硕说:"安装一个转化空气的装置。"听到庄康硕的提议后,大家分头行动,徐文远用积木对两侧进行了围拢,秦振宸和庄康硕搭空气净化装置。安装空气净化装置如图 3-18 所示。

图 3-18　安装空气净化装置

教师思考:

幼儿根据已有经验和计划搭建垃圾储存站,当张誉诚提出垃圾会有臭味的时候,他们积极想办法,通过安装空气净化装置来解决问题,表现出幼儿善于思考的学习品质。

(二)搭建传送带

1. 初次搭建传送带

垃圾储存站搭建的同时,另一边的垃圾传送带也在搭建中。他们用两块长方形的木板把传送带和储存站连在一起,传送带上由低到高的斜坡引发了争论。战弘澈说:"这是不行的,垃圾就掉下来了,方向反了。"庄康硕听后用两块木板给他讲解了传输带的原理:"履带循环转动,就像坦克的轮子一样,垃圾就上去了。"搭建传送带如

图 3-19 所示。

图 3-19　搭建传送带

教师思考：

通过前期经验的积累，幼儿对传送带已经有了一定的了解，当战弘澈提出"方向反了"时，庄康硕马上就明白了他的意思，即时就地取材用两块木板边演示边讲解，形象地给伙伴们介绍了传送带的工作原理，丰富的经验助推幼儿游戏的开展。

2. 搭建垃圾分流带

孩子们顺着传送带的方向继续往外拓展，搭建出两个相反方向的传送带。他们说："这个是垃圾分流带，可回收垃圾会自动分流到左边，有害垃圾到右边。"搭建垃圾分流带如图 3-20 所示。

图 3-20　搭建垃圾分流带

3. 加固传送带

孩子们正忙碌着，只听到"咣当"一声，架高传送带的一个支柱倒了，他们耐心地将传送带重新修好，刚转身离开，传送带又倒塌了。"为什么会倒塌？"我提出疑问，大家讨论起来，最终确认是支撑传送带的支柱不稳固。支柱倒塌如图 3-21 所示。

图 3-21 支柱倒塌

张誉诚和战弘澈便将支撑传送带的支柱多加了几块木板,边摆边说:"这样多摆几块,上面的传送带就稳固了,不会再塌了。"加固支柱如图 3-22 所示。

图 3-22 加固支柱

搭建区的另一边,尹紫铖又到美工区找来一个水果网,套在了空气净化器上面的圆柱体上,给垃圾储存站安装了警报器。他说:"当可回收垃圾和有害垃圾进入的时候就会响,人们就知道有垃圾要进入传送带处理了,其他垃圾在这个储存站里就被处理掉了。"警报器如图 3-23 所示。

教师思考:

传送带倒塌两次,在我的启发下,幼儿主动找原因,通过观察发现,两次倒塌的原因是支柱太轻,不能支撑传送带的重量。他们增加积木,加宽立柱,使其变得更加稳固,在这一过程中他们又给空气净化器加装垃圾识别警报器,使垃圾储存车的功能更全面,表现出思考问题的全面性和解决问题的能力。

项目三 幼儿园室内区域环境创设

图 3-23　警报器

4. 垃圾进入分流带进行智能处理

垃圾进入分流带后是怎么处理的呢？在区域分享时庄康硕做了介绍。可回收垃圾从分流带里滑下去进入磨碎机，压碎后再打印成各类纸张，也可以制作塑料瓶和纸盒。有害垃圾滑下去先进行焚烧，然后磨碎了用于发电输送到工厂，工厂再输送给学校使用。游戏后分享环节如图 3-24 所示。

图 3-24　游戏后分享环节

教师思考：

在游戏中，幼儿有了更多的创想，把科学环保的垃圾处理方式融入未来的垃圾处理器中，既能制造出各种生活用品，又能燃烧后发电。爱科学的情感在幼儿心中悄悄萌发，环保意识逐步增强。

（三）搭建厨余垃圾车

可回收垃圾、有害垃圾和其他垃圾都能在多功能垃圾处理器里进行处理，厨余垃圾怎么办呢？他们决定再搭建一个厨余垃圾专用处理车，徐文远说："把垃圾车上装一个发酵装置，垃圾经过发酵处理后变成有机肥直接运送到农场。"就这样，垃圾处理机器在孩子们的相互交流和协商下基本完成。厨余垃圾车如图 3-25 所示。

图 3-25　厨余垃圾车

教师思考：

幼儿发现未来垃圾处理器不能处理厨余垃圾时，研究搭建了装有发酵装置、能将厨余垃圾转化为有机肥料的专用车，从而保证未来的垃圾处理器功能齐全。看得出幼儿前期积累的丰富的经验已经融入他们的生活，相信在未来的成长中，他们一定是一个个最美环保小达人。

（四）搭建垃圾分拣工人

徐文远和庄康硕两人在挥舞着手臂，他们说在分拣垃圾。我说："你们一直这样挥舞手臂累不累？"徐文远说："我的胳膊都酸了。""有没有更好的办法来分拣垃圾呢？"我又问。他们思考了一会，战弘澈说："我有办法，我们搭个分拣工人，帮助分拣。"说干就干，分拣工人马上到位。搭建垃圾分拣员如图 3-26 所示。

图 3-26　搭建垃圾分拣员

在随后的搭建中他们又觉得垃圾太臭了，分拣工人不能长期在有臭味的环境中工作，应该想个办法解决。战弘激提议："需要有一个闻不到臭味的来分拣垃圾。""那谁闻不到臭味呢？"我问。"机器人呀！""哪里有机器人？"我继续追问。"我家里有一个会跳舞的机器人，可是不能分拣垃圾。"庄康硕愁眉苦脸地说。"可不可以制作一个呢？"我提示说。"我有办法了，让美工区或者益智区的小伙伴制作一个。"徐文远说。这个主意得到同伴们的赞成。顿时，他们展开了激烈的讨论，要制作一个有多种功能的机器人，最终他们决定让益智区的幼儿帮忙拼插。

教师思考：

在活动中，幼儿按照自己的计划进行游戏，当我看到幼儿一直挥舞着手臂分拣垃圾时，我好奇的语言拓宽了幼儿的思路。他们搭建了形象逼真的分拣工人，随后又因分拣工人长期工作在有臭味的环境中引发了讨论，在我的启发、提示和不断的追问下，他们最终决定请益智区的幼儿帮助制作智能机器人。大班的幼儿表现出了很强的交往协商、合作解决问题的能力。

（五）拼插智能机器人

1. 向益智区寻求帮助

孩子们来到益智区。秦振宸先说道："能帮我们做一个机器人吗？因为上次去垃圾分类主题公园的时候，爷爷打开垃圾箱就有很大的臭味，分拣工人长期闻臭味对身体不好，我们需要一个多功能机器人。""胳膊能动的，腿也能动的，夹垃圾、吸雾霾、清扫的……""那我们不知道你们要放在哪里呀？"秦振宸说："我先带你们去搭建区看看吧。"向益智区的幼儿寻求帮助如图3-27所示。

图3-27　向益智区的幼儿寻求帮助

他们邀请益智区的幼儿到搭建区进行参观，搭建区的幼儿详细阐述了自己的需求，益智区的幼儿们也明白了他们需要什么样的机器人，双方达成合作。

教师思考：

幼儿来到益智区大胆求助商讨，邀请益智区的幼儿到搭建区参观，搭建区和益智区之间联动起来。幼儿们如同小工程师一样，在游戏中与伙伴们交往、合作，在体验跨区游戏乐趣的同时，呈现出的也是社会中各行业的交融，幼儿的社会性得到发展。

2. 分工拼插机器人

回到益智区，幼儿们讨论拼插计划并进行了分工，李铭予和孙晟硕拼腿，张誉诚拼机器人的头部，裴政安拼胳膊和手臂，李铭予负责组装。在连接机器人的两条腿时，问题出现了，机器人的腿是镂空的，歪歪扭扭且站不稳，不牢固（见图3-28）。"为什么会站不稳呢？"我好奇地问。"是拼插棒没插牢固？"李铭予猜测说。游戏后分享环节我又组织幼儿们进行讨论，他们尝试了多种解决办法（见图3-29），有的加固衔接，有的加固支撑，有的增加拼插棒数量，还有的提议让机器人变得矮一些，他们尝试了许多方法，最终选用了裴政安的方法，将镂空腿拼插成片状腿，后来他们一起动手把机器人的腿进行了改造，如图3-30所示。

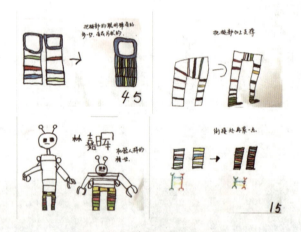

图3-28 镂空机器人站不稳

图3-29 寻找解决办法

项目三　幼儿园室内区域环境创设

图 3-30　改造后牢固的片状腿

紧接着头部和伸缩手臂也完成了，上面还带自动拾捡垃圾的叉子和垃圾桶，既可以捡远处的垃圾，也可以夹到近处的垃圾，他们将拼好的各个部位组合起来，最后安装了头部。

3. 给机器人安装遥控器

孩子们认为还需要给机器人安装一个遥控装置，李铭予说："我有一个办法，安装上一个圆圈，装上个把手，一按就可以启动了。"说着孙晟硕建议把装置安在机器人的后背上，李铭予发现后背没有地方，认为安装在肩膀上合适。终于，在益智区孩子们的努力下机器人拼插完成。完工的智能机器人如图 3-31 所示。

图 3-31　完工的智能机器人

4. 机器人进入垃圾处理厂

益智区的孩子们带着拼插好的机器人来到了搭建区，搭建区的孩子们兴奋地跑过来，边赞赏边询问着机器人的功能，机器人工程师耐心、自豪地介绍着机器人的各种功能和使用方法，紧接着厨余垃圾机器人也完工了。两种机器人的进驻，让未来的垃圾处理器更智能，更加创意十足。机器人进入垃圾处理厂如图3-32所示。搭建完成的未来垃圾处理机器如图3-33所示。

图3-32　机器人进入垃圾处理厂

图3-33　搭建完成的未来垃圾处理机器

教师思考：

益智区的幼儿按照搭建区的要求自主分工合作搭建，通过游戏后分享、讨论、表征等办法，用片状腿代替镂空腿解决了腿部弯曲不牢固的问题，设计制作出既能分辨垃圾类别又能伸缩手臂清扫的智能机器人。在这一过程中幼儿心中始终装着任务，遇到问题主动思考，协商解决，表现出了责任心强、勇于探索、善于思考、团结合作等优秀品质。

三、活动的特点及价值

1. 丰富的感知经验是幼儿创造的源泉

游戏前幼儿通过参观、调查、观看视频积累了丰富的关于垃圾处理的相关经验，游戏中他们对原有知识经验再建构，创造搭建了融环保与变废为宝功能为一体的智能垃圾处理机器，对垃圾无害化科学处理，爱科学的情感悄悄萌发，环保意识也进一步增强。

项目三 幼儿园室内区域环境创设

2. 宽松的游戏环境是幼儿创造的基础

幼儿在自主有爱的游戏环境中,畅所欲言交流表达。当出现问题时,他们积极讨论交流,一起经历"发现问题—提出想法—解决问题"的探究过程(见表3-6)。例如:当垃圾储存站有臭味时,加装空气净化装置;当人工分拣太累时,拼插智能机器人;当垃圾分流后,对垃圾进行环保处理,减少污染,废物利用;当拼插机器人站不住时,用片状腿代替镂空腿解决了腿部弯曲不牢固的问题。宽松的游戏环境给予了幼儿无尽的探索空间。

表3-6 探究过程

发现问题	提出想法	解决问题	最终结果
运送的垃圾臭味太大怎么办	把四周围起来,增加空气净化器	增加空气净化装置	飘在空中的垃圾气味得到改善
传送带倒塌	支撑传送带的支柱不稳固	重新加固支柱	传送带依旧会倒
	传送带支柱下的木块太少	增加积木,加宽立柱	传送带成功得到加固
垃圾分拣员工作太累	制作多功能装置	制作多功能垃圾处理机器人	区域融合,向益智区寻求帮助
未来机器人不稳固	机器人的腿站不直	拼插更加牢固的片状腿	加固后机器人的腿更加稳固

3. 游戏中幼儿的学习品质得到进一步发展

《3~6岁儿童学习与发展指南》中指出:"幼儿在活动过程中表现出的积极态度和良好行为倾向是终身学习与发展所必需的宝贵品质。"从幼儿准备搭建到过程中出现的问题直至解决问题,这一步步的过程中既有教师的支持与引导,更有幼儿的智慧体现。他们遇到问题主动思考、讨论协商,表达自己的观点,倾听别人的想法,凸显出关爱他人、勇于探索、团结合作、责任心强等优秀品质。

4. 宽松的游戏氛围助推区域融会贯通,将环保理念践行于行动

在宽松的游戏中,搭建区和益智区之间联动起来。幼儿体验跨区游戏乐趣,社会性得到进一步发展。幼儿创造了多个多功能垃圾处理机器人,将环保的观念渗透到一日生活,并成为一种生活习惯,逐步树立人与自然和谐共生的观念及爱科学的情感,幼儿们志愿为保护地球贡献自己的力量。

大班建构游戏《未来的垃圾处理车》

案例二：大班表演游戏《孩子眼中的西游记》

一、活动背景

前段时间，昊昊带来了一套《西游记》绘本，孩子们对《西游记》里的故事情节很感兴趣，常常三两结伴，边看故事边模仿着故事里的人物形象，一会扮孙悟空挥舞着金箍棒，一会扮成猪八戒吃起西瓜，欢笑声在阅读区此起彼伏。为了支持他们的游戏，使他们在阅读的基础上获得合作交往、表达表现、想象创造等多种能力，经过讨论，根据他们的意愿，我们在表演区添置了孙悟空、猪八戒、沙和尚、唐僧的头饰以及他们的武器。

二、活动内容与过程实录

（一）初探西游记——班里来了个孙悟空

清晨，轩轩来到表演区，拿起金箍棒左右旋转，抓耳挠腮地喊道："我是齐天大圣！"看见"八戒"在旁边，还嬉笑着用金箍棒敲打着他的耙子，"八戒"用耙子抵挡着金箍棒，金箍棒和耙子相互交错，发出"哒哒"的碰撞声，惹得两个小朋友哈哈大笑。

我走上前去，拿起沙和尚的武器加入这场"比武"，模仿着沙和尚沙哑的语气说："哟！猴哥，你的金箍棒真厉害，是用来干啥的呢？"

轩轩停下手中的动作，自豪地说："金箍棒当然厉害啦，能把妖魔鬼怪都消灭！"

"哦，我们还缺一个人扮演妖怪呀！"猪八戒国国朝着搭建区喊道。

轩轩听后接着补充："还需要唐僧和白龙马。"

小满来到表演区，拿起一块白纱披在身上说自己当白骨精，靖嘉拿起权杖在一旁扮演起了唐僧，表演区更加热闹起来。幼儿在表演区做游戏如图3-34所示。

图3-34　幼儿在表演区做游戏

1. 反思回顾，定规则

区域分享时，轩轩说："今天我们在表演区演了《西游记》，很开心。"

恩恩说:"可是我看到表演区乱糟糟。"

我问:"小朋友们,你们知道怎样才能将西游戏演好吗?"

望舒说:"应该按照故事情节演。"

钰婕说:"应该有个导演。"

我看到多数幼儿都举起手,迫切地想表达自己的看法,于是我请他们小组交流讨论,讨论后统一向大家分享。通过讨论和分享,孩子们知道了确定主题和提前分工的重要性。

教师思考:

从幼儿的行为中可以看出他们对表演《西游记》的兴趣,但是缺乏表演经验。在游戏中,教师以角色扮演的形式介入幼儿的游戏中,引发他们思考。游戏结束后,教师鼓励幼儿对游戏过程进行回顾,推动游戏从漫无目的的玩耍向有计划的表演前进。

2. 协商讨论,定主题

"你们想在表演区演《西游记》中的哪一段故事呢?"我抛出问题。

孩子们有的说喜欢猴王出世,有的说喜欢大闹天宫,还有的说喜欢三打白骨精。"每个小朋友都有自己喜欢的故事,那么我们怎样做出选择呢?"我继续问。

糖糖说可以石头剪刀布,谁赢了谁说了算,我用眼神鼓励他们试一试,几次石头剪刀布下来,还是没有分出胜负,如图 3-35 所示。

图 3-35　通过石头剪刀布做选择

丽丽说:"还是用投票的方式吧!""来,喜欢猴王出世的小朋友举手,喜欢三打白骨精的小朋友请举手……"最后,通过投票的方式,孩子们选择了三打白骨精。

"表演三打白骨精需要准备什么呢?"我继续追问。

俊成说:"美猴王头饰!"

丽丽说:"白骨精用来送饭的小篮子。"

教师思考:

表演游戏的价值不在于强化记忆和重复的语言训练,其中蕴含着丰富的教育契机。

在以上活动中，幼儿通过不断尝试，协商好了表演主题，教师随即进行表扬强化，并根据幼儿的意见，为表演区添加了太空泥、各色纱巾、布条、绳子等材料。

（二）再演西游记——我们的舞台我做主

1. 大胆想象，设计道具

表演前，孩子们根据商量好的角色开始装扮起来（见图3-36），"快看，俊诚的鼻子！"一位幼儿指着俊诚笑着说。

图3-36 根据角色装扮自己

原来俊诚在纸杯上面画了两个圆圈，放在自己的鼻子上说这是他的猪鼻子。可猪鼻子没有用手扶住，掉了下来，只见俊诚找来绳子想系住"鼻子"，尝试了几次发现自己不能把绳子结实地系住，他沉思了一会，放下绳子找来了口罩，用胶带将纸杯粘了在口罩上，这下终于戴到了脸上，接着他又用粉色卡纸剪出一对猪耳朵，还将大猪耳朵扣了个洞，挂在自己的耳朵上，憨态可掬的样子逗得大家哈哈大笑。

其他幼儿也不甘示弱，轩轩扮演孙悟空，他找来雪花片拼插成了紧箍咒；沙和尚请朋友帮忙，一起把圆圆的松果串成项链；唐僧的袈裟怎么办呢？正当我感到困惑的时候，豆豆在箱子里找出了一条红色的纱巾绑到了自己的身上……

教师思考：

前期教师为幼儿准备了面具，目的是激发他们的兴趣，同时让角色有一个明显的区分。之后教师便提供了更多的低结构材料，希望引导幼儿大胆创意，或以物代物，激发他们的想象力。当幼儿在制作道具遇到问题时，教师给予幼儿充分思考和探究的时间和空间，使幼儿通过动手尝试，不断思考完成了制作，促进了他们的探究能力。

2. 创意改编，绘画剧本

表演开始了，咏恩捧着书读起旁白部分："唐僧师徒四人来到一座深山，大家停下来休息……"幼儿们按照故事内容，盘腿坐在了地上假装休息。

"没想到山里有个白骨精，白骨精看到唐僧，十分激动，心想——"咏恩停顿了一下，看向小满扮演的白骨精，可白骨精在一旁没说话。

轩轩提醒道:"小满说话呀!"

"我是白骨精……我……"小满说得磕磕巴巴。

轩轩说:"忘记台词就编一句吧!"小满犹豫地摸着脑袋,将眼神投向了我。

我微笑着说:"现在你就是白骨精,看到唐僧你想说什么?"

小满喘了口气思考着说:"我要想个办法吃掉唐僧!"

就这样,跟随恩恩的旁白解说,孩子们表演着,沙和尚和白龙马开始交头接耳,说着悄悄话。

我问他们在干啥,沙和尚说:"我在等我的表演呢。"

白龙马说:"还没到我们表演呢。"

我想,与故事较简短的幼儿绘本相比,西游记绘本的旁白较长,有些词语孩子们理解起来很吃力,所以表演时遇到没有台词和表演情节的时候便会分心、走神。于是,我请他们思考怎么解决这样的问题,引导他们画一本适合表演的剧本。

经过讨论,孩子们决定用连环画的形式展示讨论后的情节。孩子们根据以往经验,将纸折出8格,在每一个格子中标记序号,将设计的情节按照序号画在格子里,如图3-37所示。

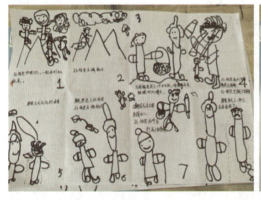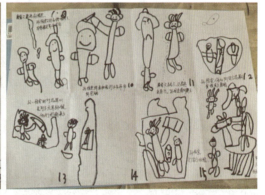

图3-37 幼儿设计的剧本

教师思考:

表演白骨精时小满忘记台词,也说明西游记故事长,不便于记忆,而我鼓励小满创编新台词,小满完成了挑战,我想既然能创编新台词,那是不是可以尝试改编《西游记》,将故事情节简化成适合幼儿的语言呢?

而从幼儿欣喜、认真的表情上可以看出他们参与设计故事的快乐,绘制的连环画也超乎我的意料。看来,作为老师,一定要抓住维果茨基提出的最近发展区,支持幼儿尝试挑战。

同时,绘画表征能发展幼儿的前书写能力。对《西游记》进行组织、编排,加深了幼儿对故事的记忆,而在这一过程中通过想象和交流讨论,增强了幼儿的发散思维和语言交流能力,为接下来的表演打下基础。

(三)三演西游记——变大了的舞台

1. 鼓励思考,规划场地

有了自己设计的剧本,孩子们对故事情节更加熟悉,表演得热火朝天。

"哎呀,你们搭建区能不能往里一点搭建呀!"明宇被纸杯子绊了一脚气愤地说。

晗瑞不甘示弱地说:"你们往里一点!都把我们搭建的弄倒了。"

旁边的丽丽看到后说:"你们别吵架,可以商量。"

"那我们表演区用这块地方,还有这块。"明宇一边说一边用手比画。

"哼,场地分得根本不合理嘛!"晗瑞说。

"那你说怎么办!"明宇问。

"我爸爸会画图纸,肯定能把场地划分得很合理。"琪琪说。

"小朋友们也会画画呀,可以和伙伴们一起商量商量,把划分好的场地画下来。"我补充道。随后我找来一幅平面设计图,他们观察后开始了画设计图,如图3-38所示。

图 3-38 划分场地

教师思考:

场地的划分一直是我们老师在做,但在区域里玩耍得最多的是幼儿,场地的划分由幼儿去做更合适。不论划分成什么样子,只要引发幼儿思考、讨论,就会更有意义。接下来的区域分享时,我会利用照片、影像等媒介,帮助幼儿回顾游戏过程中的场地使用情况,使幼儿的设计更符合游戏需要。

2. 区域联动,搭建参与

在搭建区,耀泽将积木围成一个圆形,有顺序地往里面摆了一圈塑料瓶。咏恩看到问:"耀泽,你在搭建什么呀,我可以加入吗?"

"我在搭建盘丝洞!"耀泽慢条斯理地说。

咏恩:"我也来试试!"说着,他们一起用牛奶盒围成两个圆圈,还在里面跳来跳去,说着:"盘丝洞做好啦,我来扮演蜘蛛精。"沛熙见了也跑进来蹦跳,还把手伸出来吓唬别的小朋友。没一会,洞就被他们碰散了。

在旁边拼蜘蛛网的耀泽心疼地说:"你们小心点,我们好不容易搭建出来的!"

咏恩说:"那我们重新搭建一个吧!"

沛熙说:"搭建一个大一点的,这样就能装下我们了!"

"你们一共几个人?"我抓住时机问道。

耀泽用手数着小朋友说:"四个人。"

咏恩摇着头说:"不对,盘丝洞里有七个妖怪!"

我提示道:"可以把洞穴搭建得大一点,这样表演的时候我们可以用搭建区的场景了!"

从孩子们兴奋的搭建中可以看到,他们对我的提议很感兴趣。搭建场景如图 3-39 所示。

图 3-39 搭建场景

教师思考:

本次表演是在搭建区中进行的,幼儿利用搭建区的材料,拼搭出表演场景——盘丝洞,这不仅给游戏增加了新玩法,让他们感到很有趣,还能发挥他们的交流合作能力和搭建能力。

在做游戏时,我没有指挥幼儿按照大人的想法进行游戏,而是用提建议的方式提出新玩法,是否采纳由幼儿决定。

随后,我将问题带到了游戏后的分享活动,借助游戏现场视频,和幼儿进行分享,首先是学习耀泽在搭建中被别人碰坏作品后的宽容接纳之心,再就是让参与和没有参与游戏的幼儿都感受这种玩法的乐趣,同时,吸纳幼儿思考更多的搭建方法,为下次搭建积累经验。

最后,我根据幼儿的想法为搭建区增加牛奶箱、奶粉桶,以支持他们搭建大型建筑物。

(四) 四演西游记——吸引小观众

1. 自制演出票

试演"孙悟空打白骨精"的时候，馨月拿起鼓跟随金箍棒的节奏敲了起来，明宇问："你干吗？"

馨月说："为你们伴奏呀！可以吗？"

小满："可以，但是我们没有观众呀！"

馨月说："叫几个小朋友来看呗。"

小满摇摇头说："万一他们都来了怎么办？这里可坐不下！"

馨月说："我们做几张演出的票，发给小朋友吧！"小满说："好呀，我跟你一起。"说着，他们来到阅读区的桌子前画了起来，如图3-40所示。

图3-40　画演出票

2. 售卖演出票

馨月画好了几张演出票，对着区域里的幼儿喊："谁要演出票呀？"许多幼儿跑了过来，"要排队，别抢呀。"话音刚落，票被幼儿一窝蜂领走了。

小满看到这一幕，冷静地说："我这有5张票，但是你们需要买票！"

丽丽问："多少钱？"

小满想了一会说："大人10块，小孩5块！"说完后将手伸出来。馨月在票上面写了数字"10"，然后递到了国国手中。"我记得买票的时候要到购票台。"小满说。

"我们可以用这个小桌面代替购票台！"馨月一拍脑门，高兴地说。售卖演出票如图3-41所示。

教师思考：

在游戏中幼儿一点点罗列原有的经验，获得了更多关于表演的新经验，如10以内数的计算，演出票的设计，人数与票数的对应关系，可见他们对游戏与生活经验进行了融合和重组。同时，他们将自己的新认识融入游戏中，不断调整、丰富和完善。

图 3-41　售卖演出票

三、活动的特点及价值

1. 幼儿学习发展的价值

第一，在活动中幼儿语言得到了发展。幼儿通过表演再现，创编出故事生动的语言，提高了自身的语言表现力。第二，幼儿的社会性得到发展。表演中离不开幼儿的交流、沟通、合作，合作能力、问题处理能力、交往与沟通能力等都得到了发展。第三，促进了幼儿创造性思维的发展。在表演中幼儿大胆想象，表演场地、道具的选择和故事的走向都充满了创造性思维。

2. 教师的支持行为

中大班幼儿年龄特点及表演游戏的一般规律决定了教师指导的重要性和适宜性。教师不应该过度干涉幼儿，而是通过提供建议等多种方式支持幼儿，推进活动向前发展。第一，在游戏中，我以幼儿为主，鼓励幼儿改编、创编故事，自主决定表演游戏的内容；支持幼儿的想法，根据幼儿的需求提供材料，鼓励他们自主选择材料进行游戏；引发幼儿的反思和回顾，总结游戏经验，推动游戏深入发展。

第二，在游戏中，我以加德纳的多元智力论为指导，充分利用多种形式支持幼儿全面发展。如，在协调角色时，支持幼儿发展语言智能中的人际交往智能；在幼儿选择和规划场地时，促进幼儿空间智能的发展；支持幼儿自主创编、改编游戏故事，用自己的方式记录下来，促进幼儿语言智能；支持幼儿根据游戏中的问题进行自主反思，促进认知智能的发展；支持幼儿运用肢体动作创造性地表现故事情节，发展身体—动觉智能等。

3. 下一步的支持策略

第一，提供低结构为主、高结构为辅的材料，鼓励幼儿自制道具或以物代物。第二，引导幼儿做游戏前进行计划，拓展游戏的形式，增加木偶戏、手偶戏等表演形式。第三，提倡小组游戏。鼓励幼儿反思、记录、表述。

检测回顾

一、单选题

1. 活动区的设置应遵循教育性原则，要以（　　）、幼儿年龄段经验及本班幼儿的实际发展水平为依据，创设合适的区域，投放适宜的材料。

　　A. 教师思路　　　　　　　　B. 教育目标
　　C. 家长需求　　　　　　　　D. 幼儿兴趣

2. （　　）是幼儿园区域环境创设的主人。

　　A. 教师　　　　　　　　　　B. 管理者
　　C. 家长　　　　　　　　　　D. 幼儿

3. 幼儿园室内区域活动规则的制定要以（　　）为主，根据幼儿年龄特点，和图文结合。

　　A. 图画　　　　　　　　　　B. 文字
　　C. 图画和文字　　　　　　　D. 幼儿

4. 在绘本中，（　　）不再是点缀，而是图书的命脉。

　　A. 图画　　　B. 文字　　　C. 图文结合　　　D. 内容

二、多选题

1. 幼儿园室内区域环境创设的原则有（　　）。

　　A. 教育性　　　B. 整体性　　　C. 共同性
　　D. 动态性　　　E. 参与性

2. 幼儿园室内区域布局注意的问题有（　　）。

　　A. 大小有别　　　　　　　　B. 动静分开
　　C. 有机组合　　　　　　　　D. 考虑采光、取水因素

3. 活动区设置的整体性原则主要体现在（　　）方面。

　　A. 活动室布局的整体性　　　B. 内容安排的整体性
　　C. 幼儿发展的整体性　　　　D. 全体参与的整体性

三、简答题

1. 举例阐述幼儿园室内区域环境创设的整体性原则。
2. 根据主题"夏天"规划设计幼儿园大班室内区域，并写出设计方案。

检测回顾答案

项目三 幼儿园室内区域环境创设

反思总结

亲爱的同学们：

通过本项目的学习，你对幼儿园室内区域环境创设有哪些思考和收获呢？请写出来吧！

项目四

幼儿园户外游戏环境创设

项目描述

大家好，我是新入职的小慧老师。

幼儿园户外游戏环境既是幼儿释放天性、自由玩耍的乐园，也是促进幼儿体能发展的重要活动空间。因此，适宜的户外环境是幼儿进行高质量户外游戏活动的前提和保障。那么，我们如何创设适宜的户外游戏区域？如何投放适宜的活动材料以满足幼儿的需求？

请跟随小慧老师的脚步，一起进入幼儿园户外游戏环境创设这一项目的学习吧！

项目导航

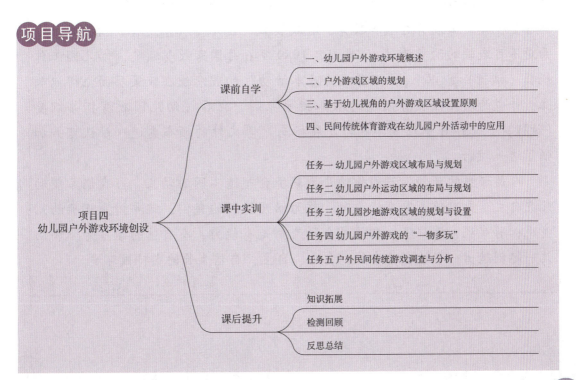

教学目标

知识目标

1. 明确幼儿园户外游戏环境创设的内涵及意义。
2. 掌握幼儿园户外游戏环境创设的基本理念及设计原则。
3. 领会幼儿园户外游戏环境创设中教师支持的策略与方法。

能力目标

1. 能够运用户外游戏环境创设的基本理论,分析幼儿园户外游戏环境创设情况。
2. 能够根据游戏目标,合理布局户外游戏环境。
3. 尝试探索多种方法介入、支持幼儿的游戏。

素质目标

1. 树立正确的儿童观、游戏观、课程观。
2. 培养运用所学知识创造性地用于户外环境创设的能力。
3. 培养高度的职业责任感,树立安全第一、以幼儿为本的职业理念。

幼教政策

"大自然,大社会,都是活教材。"被誉为"中国幼教之父"的陈鹤琴先生,早在20世纪前半期就对儿童游戏有着系统的理论和实践探究。"人类个体有童年期就必须有游戏和教育,游戏和教育在儿童机体发育和精神成长方面是不可或缺的两类活动。"我国自1989年6月国家教委颁定《幼儿园工作规程(试行)》以来,"以游戏为基本活动"的理念便在政策层面上得以确立,并成为幼儿园教育活动的基本指导原则。此后《幼儿园教育指导纲要(试行)》《3~6岁儿童学习与发展指南》等文件的颁布更进一步认可并加强了这一理念。

人是环境的产物,不同的幼儿园环境会塑造不同的幼儿。当我们希望幼儿更自主、更自信、更有能力时,作为幼儿教师的我们,就要树立正确的儿童观、游戏观、课程观,相信每个幼儿都是有能力、有自信的学习者,和幼儿一起创造出一个适宜其自然、自由、自主、自信生长的支持性环境。

项目四 幼儿园户外游戏环境创设

课前自学

一、幼儿园户外游戏环境概述

户外环境是幼儿尽情游戏的天地，也是促进其学习与发展的多元化活动空间，包括庭院设计与绿化、各类游戏区、多功能运动区、种植角、饲养角等。适宜的户外环境是幼儿高质量户外活动的物质前提和保障。《3～6岁儿童学习与发展指南》中指出："幼儿每天户外活动时间一般不少于2小时，其中体育活动时间不少于1小时，季节交替时要坚持。"因此，可以说户外活动是幼儿在园一日生活的重要环节。户外游戏环境作为幼儿园物质环境的重要组成部分，可以让幼儿接触到新鲜的空气和奇妙的大自然，在宽敞的场地上尽情玩耍，使身心得到释放，从而获得积极、愉悦的情感体验。因此，创设能真正满足幼儿兴趣和所需要的户外游戏环境，能够促进幼儿的身心健康发展。

二、户外游戏区域的规划

幼儿园户外游戏环境创设应充分考虑园所现有的条件，根据每个区域的功能价值及幼儿的兴趣特点等合理规划。户外环境的地面应质地多样、软硬兼有，一般由水泥、土地、沙地、砖石、木质、木屑、草皮、树皮、塑胶等材料构成地面，以满足幼儿多种感官的探究需要。幼儿园户外游戏区域从不同的角度可有不同的分类方式，按功能可分为自主游戏区、综合运动区、种植养殖区、景观绿化区等。

（一）自主游戏区

自主游戏区是幼儿自由结伴快乐玩耍的乐园，无论是城区或乡村的幼儿园都可根据园所条件及周边资源，因地制宜地创设游戏环境，如泥塘、沙池、水池、小树林、小树屋、花果山、娃娃家、野战区、表演区、建构区等，为幼儿的游戏玩耍提供必要的条件。幼儿园户外自主游戏区样例如图4-1所示。

图4-1 幼儿园户外自主游戏区样例

图4-1 幼儿园户外自主游戏区样例(续1)

图 4-1　幼儿园户外自主游戏区样例（续2）

（二）综合运动区

综合运动区主要设置走、跑、跳、投、钻、爬、攀登等大运动项目的游戏，这类游戏对幼儿园的运动场地质量及空间面积要求较高，以保证幼儿安全、高质量地进行体育锻炼。但由于幼儿园活动特点及场地面积的限制，一般幼儿园的综合运动区会与游戏区相融合，有条件的幼儿园也会设置独立的运动场地，如足球场、篮球场等，以满足幼儿体育运动的需要。幼儿园户外综合运动区设计样例如图4-2所示。

图 4-2　幼儿园户外综合运动区设计样例

图 4-2　幼儿园户外综合运动区设计样例（续）

（三）种植养殖区

陈鹤琴先生指出，幼儿园需要布置一个科学环境，尽可能地引导幼儿进行浇水、除草、收获种子等活动，并饲养动物等。的确，幼儿天性热爱自然，喜欢探究，他们在亲历种植、喂养的过程中，了解了动植物的生长过程，学会了责任和担当，懂得了尊重和珍爱生命。幼儿园户外种植养殖区设计样例如图 4-3 所示。

图 4-3　幼儿园户外种植养殖区设计样例

（四）景观绿化区

幼儿园庭院景观是指幼儿园内具有实用及观赏作用的庭院绿化及庭院设施。庭院景观是幼儿园户外环境创设的重要组成部分，好的庭院景观在美化、改善环境的同时，和幼儿园的游戏环境融为一体，如树林、凉亭、假山、石雕、小桥、草坪、灌木丛、茅草屋、花圃等，使幼儿在自然的环境中得到美的熏陶，并获得积极愉悦的情绪情感体验。幼儿园户外景观绿化区设计样例如图 4-4 所示。

图 4-4　幼儿园户外景观绿化区设计样例

三、基于幼儿视角的户外游戏区域设置原则

幼儿是户外游戏环境的主人。幼儿应该主导游戏区域的走向和立场，而且应该直接参与到游戏区域的规划和建设中来。基于幼儿视角的户外游戏环境，应遵循以下原则。

（一）从幼儿的视角来看，有趣好玩

幼儿的玩耍不带有任何的功利色彩，完全是最本真的直接反应。花果山上爬树捉虫，沙池堆里挖渠引水，绿茵场上奔跑嬉戏，小草房里窃窃私语……在幼儿的眼睛里，这些都是最好玩的地方！只要我们把游戏的权利充分地还给幼儿，他们就会在大自然的怀抱里自然、自由、自主、自信地快乐成长。好玩的幼儿园户外游戏如图 4-5 所示。

图 4-5　好玩的幼儿园户外游戏

（二）从幼儿的体验判断，愉悦兴奋

有一种声音来自幼儿最真实的感受，来自幼儿的心灵深处。最本源的一种渴望，最

本真的一种表达，最愉悦的一种反应，就是游戏中酣畅淋漓的兴奋，游戏问题解决后满足的窃喜，以及游戏成功后的欢呼雀跃。

幼儿园要在保证安全的情况下，充分利用大树、山坡、树林、墙壁、亭台楼阁以及教学楼楼顶等，因地制宜设置攀爬、攀岩、滑坡、滑索、悬垂、拖拽类的游戏，让幼儿在富有变化和挑战的环境中释放自我、发挥潜能。酣畅淋漓的幼儿园户外游戏如图 4-6 所示。

图 4-6　酣畅淋漓的幼儿园户外游戏

（三）从幼儿的头脑思考，探索挑战

对幼儿来说，户外是一个充满未知的世界，他们渴望去了解的东西太多。探寻未知的过程，本身就对幼儿充满了挑战。高高的树梯、晃来晃去的爬网、跨越水渠的滑索，幼儿很愿意尝试和挑战这些项目。也许第一次、第二次不会成功，但是幼儿还会第三次、第四次尝试，直到能够爬上去、翻过去，灵活自如才肯罢休。有挑战的幼儿园户外游戏如图 4-7 所示。

图 4-7　有挑战的幼儿园户外游戏

四、民间传统体育游戏在幼儿园户外活动中的应用

民间传统体育游戏是中华优秀传统文化的重要组成部分,是广大劳动人民经验和智慧的结晶,具有较强的教育意义和文化价值。

民间传统体育游戏以自然物质为媒介,以人们日常生活内容和经验为游戏素材,因此具有地域性、趣味性、简洁性等特点。民间传统体育游戏种类较多,常玩的有老鹰抓小鸡、躲猫猫、打沙包、踢毽子、跳皮筋、跳格子、打陀螺、荡秋千、跳绳、滚铁环、跳竹竿、踩高跷、丢手绢、舞龙等,对于拓展幼儿的户外游戏资源,丰富幼儿的户外游戏内容,展现幼儿的英勇和果敢,锻炼幼儿的反应和协调能力,提升幼儿的合作和交流能力等,具有重要的意义和价值。有趣的民间传统体育游戏如图4-8所示。

图4-8 有趣的民间传统体育游戏

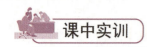

任务一 幼儿园户外游戏区域布局与规划

知识链接

幼儿园户外游戏区域是室内游戏区的补充和延伸，是促进幼儿身心发展的开放性空间资源。户外游戏区域规划需要根据幼儿园现有的空间资源、地貌资源、设施资源、材料资源等方面进行综合考虑、整体规划。其既要满足幼儿体能动作发展的需要，又要满足幼儿社会交往、科学探索、艺术创造、生活体验等方面发展的需要；既要考虑幼儿经验获得的连贯性，又要考虑幼儿经验获得的整体性；既要因地制宜地利用现有空间特性和设施设备，又要满足幼儿的探索愿望和需求；既要考虑规划的整体性和综合性，又要考虑因地制宜、因人制宜、因资源制宜等。

任务目的

（1）掌握户外游戏区域规划的基本理念及原则。

（2）能够对户外游戏空间进行合理规划、合理布局、合理设计，提升统筹规划及整体布局的能力。

（3）增强对幼教职业的热爱，具有高度的责任心。

任务要求

（1）根据幼儿园户外游戏活动的需要，设计相应的户外游戏区。

（2）根据图4-9东阳市青春路幼儿园场景鸟瞰图和图4-10镇江丁卯幼儿园三维模型给定的条件，对其中一所幼儿园进行户外游戏区域布局与规划，撰写不少于600字的规划方案，并说明自己的规划思想。

（3）画出规划设计图。要求户外区域不少于8个，满足幼儿游戏、玩耍及体育运动的需要。鼓励创造性地利用资源。

前期准备

（1）经验准备：了解幼儿园户外游戏区域的规划原则及基本要素；有观看或组织幼儿户外游戏活动的相关经验。

（2）物质准备：4K 素描纸，彩色卡纸，剪刀，彩笔、油画棒或颜料，笔刷；每小组一台电脑。

图 4-9　东阳市青春路幼儿园场景鸟瞰图

图 4-10　镇江丁卯幼儿园三维模型

实训过程

（1）构建 4 人学习小组。
（2）根据任务要求商讨户外游戏区域规划方案。
（3）明确任务分工，采用多种形式规划设计区域布局，并撰写规划方案。
（4）讲解小组规划方案，个人自评、同伴互评、教师点评。
（5）将规划设计图及规划方案拍照提交到"雨课堂"平台，将实物张贴展览。
（6）将规划过程剪辑成小视频在学习群分享交流。

考核标准

作品构图规范、有美感，符合命题要求，区域布局科学、合理等，得 100 分。其他根据完成情况酌情打分，具体评分标准如表 4-1 所示。

表 4-1　"幼儿园户外游戏区域布局与规划"小组互评打分表

项目	评分细则	参考分值/分	1组	2组	3组	4组	5组	……
规划设计	1. 整体设计美观	10						
	2. 不少于 8 个户外活动区域	10						
	3. 户外区域布局科学、合理，符合"以幼儿为本"的游戏理念	20						
方案撰写	4. 方案撰写不少于 600 字	10						
	5. 文档编辑符合要求	20						
阐述讲解	6. 仪态落落大方	10						
	7. 语言简洁，条理清晰，能清楚地表达设计思路	20						
总分		100						

附：实训成果展示

项目四　幼儿园户外游戏环境创设

幼儿园户外游戏区域规划布局（1）

幼儿园户外游戏区域规划布局（2）

户外区域规划设计学生作品（1）

户外区域规划设计学生作品（2）

任务二　幼儿园户外运动区域的布局与规划

知识链接

运动场地和运动器械是体育运动区的主要组成部分。虽然各幼儿园的场地条件有很大差异，但都必须按照国家规定，设置有跑道的运动场，还要根据不同的年龄层次，为他们提供适合其年龄特征的运动器械。设置体育活动的场地区域，应根据幼儿园的自然场地条件，采用不规则形划区的方式，充分利用场地。同时，还应考虑幼儿的活动需要，合理安排区域中的各个活动点，满足幼儿园健康教育活动的需要。此外，还可根据不同幼儿园的需要，设置篮球场、足球场、游泳池等专项体育活动设施。

任务目的

（1）掌握户外运动区域规划的基本理念及原则。

（2）提升对户外运动区域空间进行合理规划、合理布局、合理设计的能力。

（3）增强户外运动中的安全意识，具有高度的责任心。

任务要求

（1）根据幼儿园户外运动的需要，合理设计户外运动区域。

（2）对幼儿园进行户外运动区域规划，写出规划方案，并说明自己的规划思路。

（3）画出规划设计图。要求户外运动项目不少于8个，满足幼儿体育运动的需要。鼓励创造性地利用资源。

前期准备

（1）经验准备：了解幼儿园户外运动区域的规划原则及基本要素，有观看或组织幼儿户外运动活动的相关经验。

（2）物质准备：电脑，4K素描纸，彩色卡纸，剪刀，彩笔、油画棒或颜料，笔刷等。

实训过程

（1）构建4人学习小组。

（2）根据任务要求，商讨户外运动区域规划方案。

(3) 明确小组成员任务分工，用电脑绘制平面规划设计图，并撰写规划方案。
(4) 讲解小组规划方案，个人自评、同伴互评、教师点评。
(5) 将规划设计图及规划方案提交到"雨课堂"平台。

考核标准

(1) 作品量化打分在 60~100 分。
(2) 作品构图规范、有美感，符合命题要求，区域布局科学、合理，设计理念到位等，得 100 分。其他根据完成情况酌情打分，具体评分标准如表 4-2 所示。

表 4-2 "幼儿园户外运动区域的布局与规划"小组互评打分表

项目	评分细则	参考分值/分	1组	2组	3组	4组	5组	……
规划设计	1. 能运用电脑进行布局规划，整体设计美观	20						
	2. 不少于8个户外运动区域	10						
	3. 运动区域布局科学、合理，重点考虑运动内容、安全和防干扰因素	20						
方案撰写	4. 方案撰写不少于600字	10						
	5. 文档编辑符合具体要求	10						
阐述讲解	6. 仪态落落大方	10						
	7. 语言简洁，能清晰地阐述设计意图及布局方法	20						
总分		100						

幼儿园户外体育游戏

任务三 幼儿园沙池游戏区域的规划与设置

知识链接

玩沙区是幼儿园常见的区域，因为幼儿热衷于在沙子的世界里创造自己的王国。教师可以为幼儿提供水桶、铲子、运沙车、沙漏、筛子等用具，以及管子、竹筒、瓶瓶罐罐、木板等低结构材料，为幼儿创造性开展玩沙游戏提供有利条件。需要注意的是：所有的材料、器具、工具等都必须无棱角，确保幼儿安全。

任务目的

（1）培养对幼儿园沙池环境创设实例进行比较和评析的能力。
（2）加深对沙池环境创设理论的理解，提高实际运用环境创设理论的能力。

任务要求

（1）根据所学的心理学、教育学知识以及幼儿园环境创设理论，对图4－11和图4－12这两个沙池环境进行比较。

图4－11　沙池1

图4－12　沙池2

（2）分析、概括这两个沙池环境的优缺点，对幼儿玩沙游戏可能产生的影响，并提出改进建议。
（3）上网收集其他幼儿园沙池的图片，分别选出三个优秀的沙池环境和三个有问题的沙池环境，进一步支撑自己的观点。
（4）提交Word文档，图文并茂，不少于三个页面。

项目四 幼儿园户外游戏环境创设

 前期准备

（1）经验准备：组织或观看幼儿沙池游戏的相关经验。
（2）物质准备：电脑或 A4 纸、笔。

 实训过程

（1）游戏互动，构建 2 人学习小组。
（2）讨论交流，明确任务分工。
（3）搜集资料，完善自己的观点，撰写改进建议。
（4）分享交流，个人自评、小组互评、教师点评，提出修改建议。
（5）将撰写的改进建议提交到"雨课堂"平台。

 考核标准

（1）将作业上传到"雨课堂"平台，量化打分在 60~100 分。
（2）改进建议符合沙池环境创设的理念，图文并茂，观点阐述到位，得 100 分。其他根据完成情况酌情打分，具体评分标准如表 4-3 所示。

表 4-3 "幼儿园沙池游戏区域的规划与设计"小组互评打分表

项目	评分细则	参考分值/分	1组	2组	3组	4组	5组	……
分析与改进建议	1. 不少于 1 000 字	20						
	2. 图文并茂，表达清晰	20						
	3. 分析有理有据，符合户外游戏区设置理念	30						
	4. 改进建议恰当，能较好地体现"以幼儿为本"的教育理念	30						
总分		100						

沙池里的"南水北调"

任务四 幼儿园户外游戏的"一物多玩"

知识链接

在户外游戏的过程中,教师利用身边现有的资源,创造性地引导幼儿游戏。如一根绳子、一个呼啦圈、一个沙包、一个纸箱、一片树叶、一粒石子等都是幼儿户外游戏的好伙伴,幼儿会有许许多多的奇思妙想和创意的玩法。户外活动中的"一物多玩",不仅锻炼了幼儿走、跑、跳、投、钻、爬、攀登等运动技能,而且他们在和同伴一起玩耍的过程中,充分体会到了创造与合作游戏的快乐。

任务目的

(1) 学会5~6种幼儿园户外游戏玩具的玩法。
(2) 提升灵活运用所学知识创造性地设计户外游戏活动的能力。
(3) 培养乐学、会玩、善于创新的学习精神。

任务要求

(1) 从绳子、沙包、纸棍、呼啦圈中任选一种器械,探究"一物多玩"。
(2) 撰写"一物多玩"游戏建议(图文结合),将探索过程剪辑成小视频,与大家分享。

前期准备

(1) 经验准备:通过查阅资料,丰富幼儿园"一物多玩"游戏的相关经验。
(2) 物质准备:电脑,A4纸,笔,拍摄视频的设备。

实训过程

(1) 构建4~5人学习小组。
(2) 从绳子、沙包、纸棍、呼啦圈中任选一种器械进行小组讨论,探究"一物多玩"的方法。
(3) 玩一玩、试一试,并记录下来(图文结合),每种器械不少于6种玩法。
(4) 撰写"一物多玩"游戏建议,将探索过程剪辑成小视频。

项目四 幼儿园户外游戏环境创设

（5）分享自己小组的玩法，经验互通。

（6）将游戏建议及小视频提交到"雨课堂"平台。

 考核标准

图文结合，形象生动，游戏设计符合幼儿年龄特点，具有创造性等，得100分。其他根据完成情况酌情打分，具体评分标准如表4-4所示。

表4-4　"幼儿园户外游戏的'一物多玩'"小组互评打分表

项目	评分细则	参考分值/分	1组	2组	3组	4组	5组	……
"一物多玩"游戏探究	1. 每种器械不少于6种玩法	20						
	2. 游戏内容符合幼儿的兴趣特点	30						
	3. 视频剪辑规范，能完整展现游戏玩法	20						
	4. 能较好地展示自己小组的创意，给同伴带来有益的游戏经验	30						
总分		100						

附：实训成果展示

松果球

小组成员：21学一102宿舍 路铭杰 李佳宸 路芳雨 孙颖坤

1. 两个小朋友是一组，面对面保持1~2米站好，两人来回扔
2. 5~6名小朋友围成一个圆圈，扔果球不让它落地
3. 训练幼儿按数取物能力，教师说几，幼儿就从箱子里拿几个
4. 把松果球用来玩传统的扔沙包游戏(注意安全)
5. 把5个松果球间隔半米成一列，让幼儿"S"形跑、蹲走、单脚跳等
6. 让幼儿训练手脚协调能力，用手把松果球扔起来，落地前踢到它
7. 选择起点与终点，两个幼儿一组，用除了手之外的其他身体部位运送

跳皮筋

玩法一：鸭子过河。单脚跳过皮筋儿。玩法二：跳房子。双脚横跨两条皮筋，跳进去，再跳出来。玩法三：两条皮筋，先跳到第一条皮筋上，再从第一条皮筋跳到第二条皮筋上，最后跳出，排到队伍后面。可适当增加宽度和高度。

多人玩法：三个及三个以上的人撑皮筋，撑成一个圈，跳皮筋的小朋友站在圈里面，单脚跨出圈点地迅速弹回，顺时针方向循环重复。

进阶跳皮筋表演：
1. 双脚跳进皮筋圈里；2. 双脚横跨两条皮筋跳出；3. 再次跳入皮筋圈中；4. 跳出皮筋圈；
5. 双脚起跳，跳过皮筋圈另一侧；6. 跳起踩住一条皮筋；7. 再跳起踩住两条皮筋；8. 后跳离。

跳的时候可以唱童谣《小老鼠》

小老鼠，
上灯台，
偷油吃，
下不来，
吱吱吱，
叫奶奶。

沙包

玩法一：顶沙包
幼儿分成两组，把沙包放在头顶，走着运到终点，哪组最先到达终点，哪组获胜。

玩法二：夹包跳
幼儿分成两组，将沙包夹在膝盖（或两脚）之间，两腿（或两脚）并紧，双脚一起跳，哪组最先到达终点，哪组获胜。

玩法三：运粮食
幼儿分成两组，把沙包放在幼儿背上，爬着运到终点，哪组最先到达终点，哪组获胜。

玩法四：互相抛接
两人一只沙包，你抛我接，我抛你接。

纸箱

1. 蛇行走：把纸箱按一定间隔置于场地，幼儿从排头开始在纸箱中鱼贯穿行，穿行时不能碰纸箱，碰倒纸箱要扶正纸箱，然后重新走。
2. 跳：幼儿双（单）脚跳过纸箱。
适宜年龄：大、中、小班。
3. 摆图形：幼儿用纸箱摆出花、房子等图形。
适宜年龄：大、中班。
4. 送信：把纸箱作为邮箱，幼儿当邮递员。
幼儿骑着三轮自行车把信投入邮箱，再骑回来。

视频：有趣的"一物多玩"（学生作品）

绳子

沙包

树叶

鞋子

任务五 户外民间传统游戏调查与分析

 知识链接

户外民间传统游戏具有浓郁的地方特色和生活气息，已经成为我国优秀传统文化的重要组成部分。户外民间传统游戏涉及走、跑、跳、投、钻、爬、攀登等各方面内容，对提高身体的爆发力、平衡力、耐力及弹跳力等都有重要作用。户外民间传统游戏多是群体游戏，幼儿在玩耍的过程中讲规则、有竞争、懂协商、会谦让，对提升幼儿的语言能力、思维能力及分析解决问题的能力等都有重要价值。

随着现代科技的发展，许多高档玩具和电子娱乐产品占据了幼儿的生活，使其在玩耍的过程中与同伴接触、与自然接触的时间变得越来越少，这对幼儿的身心健康成长是不利的。因此，户外民间传统游戏的缺位和消失应引起我们的重视。

 任务目的

（1）通过查找资料，了解 4 种以上户外民间传统游戏的玩法。
（2）能灵活将知识与工作实际相结合，并能迁移运用。
（3）感受户外民间传统游戏的快乐与趣味性。

 任务要求

（1）组建 4 人学习小组，明确任务内容，做好人员分工。
（2）通过联系实习幼儿园教师、调查周围亲人、上网查找资料等途径，进行户外民间传统游戏大搜集，并填入表 4-5 中。
（3）记录每种游戏的名称、可参与人数、具体玩法、游戏价值等，形成一份调查报告。
（4）分享自己小组的调查报告，并分享游戏经验。

表 4-5 户外民间传统游戏搜集调查表

调查人	调查范围		调查时间	
序号	游戏名称	可参与人数	具体玩法	游戏价值
想法和建议				

前期准备

(1) 经验准备:通过查阅资料,了解户外民间传统游戏的名称及玩法。
(2) 物质准备:电脑、记录表、笔。

 实训过程

(1) 组建4人学习小组,明确任务分工。
(2) 通过联系实习幼儿园教师、调查周围亲人、上网查找资料等途径,搜集户外民间传统游戏的名称及玩法,并做好记录。
(3) 玩一玩、试一试,并记录下自己的感受和体验。
(4) 记录每种游戏的名称、参与人数、具体玩法、游戏价值等,形成初步的调查报告。
(5) 各小组汇报自己的调查情况,经验共享。
(6) 将调查情况分享到课程群,各组负责人整理成一份完整的调查报告,与实习幼儿园分享。

考核标准

搜集游戏不少于4种,记录详细、表述清晰,能结合幼儿园户外游戏说出对户外民间传统游戏的看法,示范讲解易于学习,得100分。其他根据完成情况酌情打分,具体评分标准如表4-6所示。

表4-6 "户外民间传统游戏调查与分析"小组互评打分表

项目	评分细则	参考分值/分	1组	2组	3组	4组	5组	……
户外民间传统游戏调查与分析	1. 搜集户外民间传统游戏不少于4种	10						
	2. 记录表填写完整、规范	20						
	3. 游戏玩法和价值表述清晰	20						
	4. 能够结合当前幼儿园户外游戏的情况谈自己的看法	30						
	5. 游戏示范讲解生动有趣,易于学习	20						
总分		100						

项目四 幼儿园户外游戏环境创设

知识拓展

（一）实践练习

图 4-13 带给你的感受是什么？运用学过的环境创设理论，说出自己的想法和建议。

图 4-13 幼儿园户外游戏区样例

（二）幼儿园精彩户外游戏（请扫码观看）

利津幼儿园户外自主游戏

游戏（1）

游戏（2）

户外民间传统游戏

跳竹竿

走高跷

121

（三）幼儿园户外游戏场地设置要求（请扫码观看）

（四）幼儿园户外自主游戏案例赏析

案例一：中班运动游戏《花样"滚"动》

一、活动背景

《3~6岁儿童学习与发展指南》中指出，游戏中应最大限度地支持和满足幼儿通过直接感知、亲身体验和实际操作进行游戏学习。最近一段时间，幼儿比较热衷于滚筒游戏。滚筒对于幼儿来说既熟悉又陌生，熟悉是来源于幼儿的生活经验，陌生是它将作为一种游戏材料让幼儿去探索、挑战。

前期经验：幼儿只会推着滚筒玩，有的在滚筒里面滚来滚去，有的借助周围物体站上去，但是脱离辅助后还是不敢往前走。后来，通过教师的引导和介入，幼儿的主动探索有了新突破，在通过讨论和绘画表征等方式促进经验分享的同时，也进一步激发了他们的兴趣。

预期目标：幼儿能够根据自己的想法大胆尝试与其他材料有机结合，如与篮球、呼啦圈等器械结合，自发地探索出新玩法。通过对滚筒的探索，幼儿可增强自己的体质，锻炼平衡能力，在游戏过程中促进思维、语言的发展，同时培养坚持不懈、协同发展的品质。

二、活动内容与过程实录

场景一：滚筒上行走

户外活动区投放了新的材料——滚筒，有的幼儿在里面滚来滚去，有的推着玩，有的借助周围辅助物站在上面，觉得很有意思，对滚筒充满好奇。语诺、静好等小朋友想要尝试站在上面，她们趴在滚筒上，但一直站不起来。我看到她们想要放弃，就说："想一想站不起来的原因是什么呢？"

静好："我觉得我的姿势不对。"

杜澄："白色的滚筒太滑了，也不好站上去。"

语诺："我刚才试了好多办法，我觉得先有一条腿跪在上面，用两个手撑在滚筒上，另一条腿就可以直接在滚筒上站起来了。"

经过交流后，有的幼儿用了这个办法颤颤悠悠站上去了，虽然站不稳，但是敢于尝试，也是巨大的突破。

项目四　幼儿园户外游戏环境创设

游戏结束后，我组织了幼儿进行讨论，回放现场视频，目的是分享和扩展幼儿的经验。

我："你们今天的游戏很有趣，我把你们的游戏过程全都录下来了，但是过程中遇到一些问题，我想和大家一起讨论一下。"

我："怎么样才能平稳地站稳前行呢？"

静好："我发现上去的时候张开双臂更容易站稳。"

靖豪："我觉得应该是先站稳，眼睛往前看。"

美僮："我的脚有时候往前走，有时候往后走，这样不容易掉下去。"

杜澄："我发现白色的滚筒比其他颜色的滚筒滑，而且我穿的这个鞋也不好上去。"

语诺："我穿的鞋鞋底有条纹，可以增大摩擦力。上一次我在家跑的时候摔倒了，爸爸告诉我，我的鞋底太平了，需要穿鞋底有条纹的鞋增大摩擦力，这样对地面的附着力更强了。"

我："什么样的鞋子更容易站稳？"

语诺："鞋底有条纹的鞋子适合白色桶，带颜色的桶本身就有条纹。"

我："站不稳的时候如何保护自己？"

曦月："弯腰屈腿，往前跳。"

美僮："要掉下去的时候，张开双臂。"

幼儿成功站立如图 4-14 所示。

图 4-14　幼儿成功站立

幼儿表征解决办法如图 4-15 所示。

教师思考：

（1）在整个过程中教师相信幼儿是有能力的学习者。当幼儿上滚筒出现问题要放弃时，我及时在现场组织讨论。幼儿自信、从容、大胆地表达自己的观点，充分发挥主体性。

（2）幼儿良好的学习品质在第一次探索中就很好地展现了出来，尤其是语诺，为了

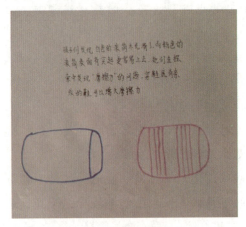

图 4-15　幼儿表征解决办法

站在滚筒上行走探索了一下午，大汗淋漓，这种坚持不懈、敢于不断尝试的精神让我尤为震撼。同时，她也用这种"榜样"的精神吸引着自己的同伴。

（3）在幼儿遇到的问题中，有一个关于"滑"的问题，白色的滚筒相对光滑一些，其他颜色的滚筒表面有凸起的地方更容易站上去。经过和幼儿探讨，他们知道了让摩擦力变大，增加附着力，让自己稳稳地站在上面，在探索中获得学习经验和知识。

场景二：不一样的前行

1. 拉手走

有了之前在滚筒上独立行走的经验，幼儿慢慢尝试俩人拉手走，这对他们的平衡能力要求更高了，同时两人要密切配合，协同推进。一旁的皆勋对文乔说："文乔，我们俩人合作一起玩吧，这样比较有挑战性！"说着他俩站在了一个滚筒上。皆勋说："我们要一起走，一个快一个慢容易掉下来。"文乔说："好。"开始他们不能共同向前走，但经过尝试后他们稳稳地站在了上面并共同向前走。

这时，我看到姿诺、静好、美憧分别站在滚筒上一起往前行走，但有的快有的慢，我说："你们这个很有意思呀，但有什么办法可以同时往前走呢？"姿诺说："我们手拉手一起吧。"但是在拉手的时候遇到了一个新的问题，静好在中间，她拉美憧的手，姿诺的手就拉不到了，我说："哦？为什么会这样呢？"静好说："离得太远了。"通过探索，她们顺利解锁新的玩法。看到她们兴致勃勃，我赶紧说："除了这种玩法，还可以怎样玩呢？"两人合作走如图 4-16 所示。三人拉手走如图 4-17 所示。

2. 三人小火车

"老师，我们又想到了一个新玩法，快过来看呀！"只见皆勋、文乔、昊煜三人分别在滚筒上朝一个方向前进。

我问："这是什么玩法呢？"

昊煜说："这是一列小火车，我是车头，后面是车厢。"

我对他们说："啊，这几节车厢离得有点远哦。"

项目四 幼儿园户外游戏环境创设

图 4-16　两人合作走

图 4-17　三人拉手走

文乔说："我们可以拉衣服，让距离近一些。"

说完，他们站在滚筒上，相互拉衣服，可是他们总是站不稳。

昊煜生气地说："怎么总是掉下来啊？"

文乔说："一起走，不要有的快有的慢，那样很容易掉下来。"

昊煜说："我喊'预备，出发'再一起走。"

在探索与尝试中，"小火车"终于可以滚动了。这时靖豪提议分组挑战，大家都很赞同。比赛过程中，幼儿兴致高涨，周围的幼儿也都为他们加油，吸引更多的幼儿参与到活动中。三人小火车如图 4-18 所示。分组挑战如图 4-19 所示。

教师思考：

幼儿在原有经验的基础上，解锁的新玩法越来越多，当昊煜生气地说："怎么总是掉下来啊？"这时文乔主动说出自己的看法，这反映出同伴之间的团结和相互协作。后来，比赛吸引了更多的幼儿加入，幼儿体验到了游戏的成功与快乐。这也充分反映了他们的探究精神和创造力,我想这正是自主游戏所赋予他们的。

图4-18　三人小火车

图4-19　分组挑战

场景三:器械组合玩

1. 滚筒与呼啦圈

有了前期的经验,幼儿斗志昂扬。我对他们说:"前几天你们想出的新玩法都非常新颖、有趣,你们的想象力是无穷无尽的,那么今天的你们又会创造出什么玩法呢?"

艺桐:"我们在滚筒上转呼啦圈吧!"

俊宇:"可是我们不会转呼啦圈。"

杜澄:"可以试试用手臂转呼啦圈,然后站在滚筒上行走。"可是经过七八次的尝试,呼啦圈总是掉下来,艺桐跑过来跟我说:"我们想站在滚筒上用手臂转呼啦圈,可是一直转不起来。"

这一次艺桐没有直接向我寻求答案,而是站在那里观察能够在滚筒上转呼啦圈的幼儿。不一会又跑开了,我想她应该是发现了什么,所以我选择了"观望"。

项目四　幼儿园户外游戏环境创设

当她又站在滚筒上的时候，我发现她在转第一圈的时候力气比后面大一点，虽然还是掉下来，但她一直在尝试，经过五次的尝试与练习，艺桐转起来了！我向她竖起了大拇指，她也迫不及待地和其他幼儿诉说着经验，其他幼儿也纷纷加入进来。后来，其他幼儿也都成功地转起来了。静好尝试两个手一起转呼啦圈，经过她们的数次尝试后，可以转起来了，但是持续的时间不是很长，但是我相信，在她们的不断探索和不断练习下，会熟练地转起来。

2. 花样玩球

靖豪去篮球筐拿了一个篮球，去找他的小伙伴杜澄，对他说："我们站在滚筒上，玩接球的游戏吧。"他们开始了游戏，靖豪把篮球打到地上，篮球弹起来，可是杜澄没有接到。靖豪说："你离得太远了，所以接不到。"杜澄说："扔近一点试试。"这样反复尝试六次还是没接到，靖豪气愤地过来和我说："老师，我们总是接不到球。"我说："是什么原因造成的呢？"杜澄说："是有时候扔得近，有时候扔得远。"我说："有什么办法可以把球固定住呢？"靖豪说："我去拿呼啦圈，可以用来固定位置。"靖豪跑去拿了两个呼啦圈，放在两个滚筒之间又继续尝试，成功之后他们又尝试三个人一起玩篮球穿越呼啦圈的游戏，虽数次尝试，但最终以失败告终。双手转呼啦圈如图4-20所示。幼儿表征呼啦圈转不起来的原因如图4-21所示。

图4-20　双手转呼啦圈

回到教室后我通过游戏现场的视频引导幼儿们一起讨论。

我："老是接不住，是什么原因造成的，有没有新的发现？"

晨硕："抛球的姿势要对，双手拿着篮球向前抛。"

杜澄："扔给对面的小朋友，要扔准，不要扔到别的地方。"

静好："我发现滚筒离得有点远，可以离近一点。"

艺桐："拿呼啦圈的小朋友很重要，因为球需要穿过呼啦圈，所以呼啦圈要拿好。"

经过讨论后，他们又迫不及待地去尝试了。这次他们把滚筒离得近了一些，抛球的

图 4-21 幼儿表征呼啦圈转不起来的原因

幼儿姿势正确,拿呼啦圈的幼儿直直地拿好放在两人的视线中间,终于接住了球,顿时他们三人欢呼起来!击地抛接球如图 4-22 所示。穿越呼啦圈如图 4-23 所示。

图 4-22 击地抛接球

图 4-23 穿越呼啦圈

后来，他们又尝试站在滚筒上投球，首次尝试以失败告终，我说："没关系的，再继续尝试，相信自己。"后来在经过五次的尝试后，靖豪沮丧地告诉我："老师，我投了好几次还是投不进去。"我说："我看到你投的时候总是打到板子。"靖豪想了想说："对，可能是我太用劲了。"他们不断尝试后，还是没有投进去。活动后，靖豪运用绘画的方式进行了表征，我说："我们一起帮靖豪想想办法，怎样才能把球投进去呢？"吴煜说："如果离得近了可以往后退一点，离得远了可以往前一点再投。"政宇说："投篮时要投准了，往球框里投。"明泽说："投球的时候力气不要太大，也不要太小了。"靖豪采纳了小朋友们的建议，经过四次尝试后终于投中了。站在滚筒上投球如图4-24所示。幼儿表征投不进去的原因如图4-25所示。

图4-24　站在滚筒上投球

图4-25　幼儿表征投不进去的原因

教师思考：

在游戏中出现问题时，我觉得了解幼儿面对问题的不同态度，尝试让幼儿说出自己的想法和感受很重要。在游戏的过程中，艺桐是第一个转起来的，激发其他幼儿积极参与其中，可见同伴影响对游戏深度发展起着至关重要的作用。因有了前期的探索经验，现在不断创新，越来越有难度和挑战性，他们的经验也在不断增长，解决问题的策略也层出不穷。由此可见，幼儿已具有发现问题的敏感性和解决问题的主动性。

三、活动的特点及价值

1. 探究欲望的激发与提升

经过长时间的户外活动，幼儿从"乐玩、会玩"到"慧玩"，有了飞跃式的进步。从第一次站在滚筒上行走，幼儿向前迈进了关键的一步，再到后来解锁滚筒的多种玩法，他们的探究欲望越来越大。他们在探究过程中遇到了各种问题，发现和解决这些问题是他们走向深度探究的必经之路。同时，在深度探究中幼儿有了多元发展。

2. 问题的解决，推动游戏前进

作为教师，在幼儿游戏时应学会放手，最小程度地介入，最大程度地让参与者创造和探究。教师通过提出质疑、现场探讨、回教室看回放视频与组织讨论等方式，引发幼儿进一步探索和验证，在遇到困难时迸发出智慧的火花，从而产生"解决问题的方法"。不同能力水平的幼儿在游戏中互补，推动游戏持续深入，形成内驱的深度学习脉络。幼儿遇到的问题、解决方案及结果如表4-7所示。

表4-7　幼儿遇到的问题、解决方案及结果

游戏玩法	所用材料	游戏问题	调整后游戏方案	游戏结果
单人滚筒行走	一个滚筒	没有掌握上滚筒的方法	掌握上去的姿势（一条腿先跪在上面，用两手撑在滚筒上，另一条腿直接站起来）	调整姿势后成功站上去
三人手拉手前进	三个滚筒	三人同行时一人掉落导致游戏失败	三人同行速度一致，调整滚筒之间的距离，听口令"预备，开始"共同前进	三人成功前进
三人小火车	三个滚筒	三人站不稳，无法同时前进	三人步调、速度一致，拉衣服保持平衡，听口令"预备，开始"共同使劲向前	成功使小火车转动起来
单手转呼啦圈	一个滚筒、一个呼啦圈	没用好劲，导致呼啦圈转不起来，转呼啦圈时容易从滚筒上掉下来	掌握转呼啦圈的方法，转第一圈力气大一点，调整在滚筒上的位置，保持平衡	成功转起来

项目四　幼儿园户外游戏环境创设

续表

游戏玩法	所用材料	游戏问题	调整后游戏方案	游戏结果
击地接球	两个滚筒、两个呼啦圈、一个篮球	扔球的位置和距离不一致，导致接不到球	用呼啦圈固定扔球位置，调整两人之间的距离	成功接到球
穿越呼啦圈	三个滚筒、一个呼啦圈、一个篮球	穿越呼啦圈时，对方接不到球，扔球姿势不对，没掌握好距离	拿呼啦圈的幼儿伸直胳膊，抛球人双手抛球，调整三人的距离	成功接到球
灌篮高手	一个滚筒、一个篮球	扔球打到板子，没掌握好距离	调整滚筒与篮球架的距离，瞄准篮筐双手投球	成功投进

3. 积极体验，养成学习品质

在滚筒区，幼儿坚持不懈地尝试、思考、探索，在失败中收获经验，增强了进一步探究的动机。同时，我也发现幼儿在游戏中会受到同伴的影响，彼此激励、互相学习。在探索创新过程中，幼儿坚持不懈，勇敢地面对困难和问题，敢于挑战，解决问题后体验到了成功和喜悦。这对幼儿自尊自信等品质的培养是非常有帮助的。幼儿积极主动、认真专注、敢于探究，深深地感觉到游戏中蕴藏着的巨大力量，只有在真游戏中他们潜藏的创造力才会开花结果。

4. 寓教于游，重视游戏体验

过程重于结果。幼儿在游戏过程中遇到了各种困惑，通过现场讨论等方式共同寻找解决办法。幼儿从反复体验失败的沮丧，到最后体会到成功的喜悦，本能地欢呼，与同伴、老师分享。这一刻我们看到的是幼儿对待事情认真的样子，看到的是幼儿在整个过程中的成长和收获，并获得游戏体验。游戏一定要重过程，因为在过程中能真正地让幼儿自主性发展，这样能更好地体现"有趣的学，有益的玩儿"。

《花样"滚"动》游戏视频

案例二：大班探索性游戏《房车旅行记》

一、活动背景

新学期开始，幼儿园里新添了一些碳化积木，幼儿对新添的积木产生了浓厚的兴趣。几个幼儿组合搭建了一个大房子，搭建的房子在连廊旁边，处在前后院的交通要道上，占地面积大且影响了通行，他们又不想把搭建的房子拆掉，就想让"房子"跟房车一样"动"起来。为此，他们进行了一场关于重力、平衡、阻力、速度和稳定性的探究，教师持续观察幼儿的游戏，倾听幼儿的想法，并组织幼儿分享，推进幼儿对问题的深入讨论和深度思考，发现了幼儿很多精彩的观点。

1. 活动材料

碳化积木、轮胎、七彩滚筒协力车、平板车、安吉梯、泡沫垫。

2. 前期经验

大班幼儿具备丰富的想象力与创造力、合作空间意识和建构技能。

3. 游戏预期目标

（1）能够借助材料让"房子"跟房车一样"动"起来。

（2）在游戏中探究"稳定性""中心轴重量与平衡的关系""阻力与速度的关系"。

（3）能够与同伴合作探究和分享经验，体验合作探究和发现的乐趣。

4. 教师预期

（1）幼儿能持续探究和多角度思考问题。

（2）教师能在"动"起来的游戏过程中发现"了不起"的幼儿；幼儿能在游戏过程中不断思考、探究，深度学习。

（3）幼儿能在合作探究中聆听同伴的建议；培养幼儿自主发现问题和解决问题的能力。

二、活动内容与过程实录

户外活动开始啦！幼儿对新添的碳化积木非常感兴趣，于是迫不及待地在积木收纳架旁边进行了自主合作搭建。他们利用前期经验很快便搭建了一个又大又美观的房子（见图4-26），空间足以容纳好几个幼儿。他们在"房子"里做游戏，十分欢喜。

图 4-26　幼儿用积木搭建的房子

户外活动结束时，前院幼儿陆陆续续地回到活动室，正好路过幼儿搭建的"房子"。

滕涵宇说："这个房子太大了，正好堵在路上了，我们怎么过去啊？"

牛艾青说："你们路过的时候小心一点，从旁边走，不要蹭倒了我们的房子呀！"

为了保护"房子"不被蹭倒，他们提议轮班守护，可还是困难重重。

滕若汐说："我们的房子在路上，很多小朋友都得从这走，影响了交通啊。"

马克说："我想到了一个好办法，如果我们的房子像'房车'一样能动起来就好了，这样我们就可以移动房子了。"

大家纷纷表示赞同，打算明天继续搭建一个会移动的"房车"。

我发现，幼儿对搭建"会移动的房子"产生了浓厚的兴趣，甚至想到了"房车"，畅想能让房子动起来的办法，于是我抓住教育契机，积极给予支持引导。回到班里，我通过图片和视频的方式，跟他们探究房车的构造。他们了解到房车是"会移动的汽车"，是通过"轮子"让房子"动"起来的，于是，他们开始寻找幼儿园里可以"动"的轮子……

（一）寻找带轮子的辅助材料

找到可以使用的工具有：七彩滚筒协力车、轮胎、平板车、三轮车。

王梓丞说："我觉得七彩滚筒协力车太高太窄，没办法在上边进行搭建。"

乔冠杰说："我觉得也是，太高了我们够不着。"

经过激烈讨论和对比后，他们发现七彩滚筒协力车不能进行搭建，无法用它让"房车"动起来，于是决定用轮胎、平板车、三轮车继续探究实验。

（二）探究过程

探究一——轮胎

马克说："那我们先用轮胎试一下吧！"

于是他们找来了一块长的木板，将轮胎放到木板两边（见图4-27），试图将房子放到木板上进行移动。

图4-27　幼儿将轮胎放到木板两边

滕泽霖说:"我们上去试一下,能不能将轮胎滚动起来。"

几个幼儿站到木板上准备滚动,这时候又出现了新的问题。

王梓丞说:"我们让轮胎滚动,木板跟着一起滚动,房子在上面肯定就塌了。"

几次尝试之后,他们发现轮胎没法与木板固定在一起,轮胎在前进的过程中木板会反转,无法稳定地带动"房子"前进。

探索二——三轮车

接下来幼儿又讨论进行三轮车的探究实验。乔冠杰和王梓丞骑来了两辆三轮车,尝试着把两块木板放到两辆三轮车的车斗上承载房子(见图4-28),并带动房子进行移动。

图4-28 将两块木板放到三轮车车斗上

滕若汐说:"停下停下,木板掉了!你们骑得一个快一个慢,把木板都弄掉了!"

马克说:"我还发现你们两个骑的方向不同,距离还越来越远,当然木板就掉了。"

乔冠杰和王梓丞听了他们的建议,再次尝试,这次保持相同速度和距离,但是一拐弯木板还是掉了下来。

乔冠杰说:"木板不行,搭建房子也不行,都会掉下来。"

牛艾青说:"木板太窄了,小车太小了,没法带动房子移动,我们再试试其他的办法吧!"

经过幼儿的自主探索,他们发现三轮车可以动起来,但是面积小,"房子"无法固定,并且方向难以统一,于是这个方法再次被推翻,重新找寻更合适的办法。

探索三——平板车

接下来马克拿出平板车说:"我们再用平板车试一试,我觉得可以把四个平板车固定在房子的四个角上当轮子就可以走起来了。"

王梓丞说:"对,我也觉得这个办法好,我们试一试吧。"

于是他们把四个平板车固定在房子四角上,尝试让房子动起来,他们齐心合力向前推房子(见图4-29),让房子动起来。

项目四　幼儿园户外游戏环境创设

图4-29　幼儿齐心合力向前推房子

滕若汐说:"乔冠杰你不能推墙,墙都被推变形了,要推下边平板车的位置。"

"一、二、三,用力推!"

推了一小段距离后,他们发现他们只能低头推,视线受阻,前进缓慢。

战玉轩说:"我们用绳子站起来拉一下试试吧,看一下能不能走起来。"

马克说:"我们每人拽一个角往前走。"

经过尝试,"房子"果然"动"起来了,他们非常兴奋地拉着房子前进。在前进的过程中,战玉轩突然说:"别拉了别拉了,这边的墙面变形啦!"

马克说:"你们两个不能往里拉,我们得朝同一个方向拉,不然房子就被拉散了。"

他们赶紧停止前进,齐心协力对房子的框架进行修复,然后继续前进,突然"房车"又无法前进了。

牛艾青说:"轮子被卡住了!"

战玉轩说:"那边高出一块,我们得用力推才能推上去。"

马克说:"我和战玉轩在这边推平板车,王梓丞和乔冠杰推那边,我们喊着口号一起抬一下再推。"经过反复调整,终于将"房车"拉上去了,但是最终由于多次修正后的房屋结构不稳定,房子还是坍塌了,如图4-30所示。

图4-30　房子坍塌

135

在探究利用平板车移动"房子"的过程中，幼儿多次合作探究后发现，"房车"在行进过程中，四个平板车方向很难保持一致，导致墙体变形，在遇到高低不平的路面时"房子"稳定性差，不能稳定上坡，最终直接导致房子坍塌。

探究四——幼儿床

滕若汐说："我们用了这么多办法还是不行，还有什么东西带轮子呢？"

牛艾青说："我想到了一个方法，我们睡觉的床有带小轱辘的，我们可以把两张床固定住来搭房子。"

这个方法得到了大家的认可，于是他们去仓库里搬来了废旧的带滑轮的床，如图4-31所示。

图 4-31　搬运带滑轮的床

滕泽霖说："我们用什么办法把两张床固定在一起呢？"

王梓丞说："你看我们这个床板带着很多眼儿，我们可以用绳子穿过床板上的眼儿，将两张床系在一起，这样两张小床就能固定在一起了。"

新的问题又出现了，绳子从哪里来呢？

王梓丞从平板车上将红色绳子解下来，尝试把两张床绑在一起，但是一个人完成不了。滕若汐说："你拿着绳子这头，我拿着这头从底下穿过来，你在上边眼儿上看着我，绳子快到的时候，你就用手指钩上来。"在他俩的默契配合下，两张小床被成功地连接了起来（见图4-32），可是拉动小床的时候发现绳子系得不够结实，两张小床之间还是有缝隙。

王梓丞说："老师，我没有那么大的力气，你能不能帮我把这个绳子系得紧紧的？"我赶紧上前帮他们把绳子系紧。几根绳子都系好后，他们尝试着推动小床。

马克说："我们在推动的时候两张小床还会不一致（错位），如果我们搭上房子之后，房子还是会倒塌的。"

牛艾青说："我们用白乳胶粘上吧！"

滕若汐说："我们做手工时白乳胶粘的都是纸类的东西，小床是木头的，白乳胶能行吗?"

图 4-32　幼儿共同系绳子

王梓丞说:"我知道啦,我们可以用胶带,用胶带把小床多缠绕几圈就固定住了。"

大家纷纷表示赞同这个办法。他们从活动室里找来了胶带,有的在前面拿胶带,有的跟在后面按压,几个幼儿合力把两张小床用胶带固定了几圈(见图4-33),经过各个方向的推拉,两张小床非常牢固地粘在一起了。接下来,幼儿以床板为地基继续搭建房子。很快漂亮的房子就搭建成功了。

图 4-33　用胶带固定小床

马克说:"房车是可以到处旅行的,我们要让'房车'在幼儿园里旅行。"

滕泽霖说:"房车是有司机的,我们的司机在哪啊?"

乔冠杰说:"我们可以用三轮车在前面拉着前进。"

他们用三轮车拉着"房车"前进(见图4-34),无论两个小朋友怎样用力蹬车,"房车"依旧停留在原地不动。

"房车"为什么不能动呢?

滕若汐说:"会不会是房子太重了,怎样减轻房子的重量呢?"

我说:"我们除了用积木搭建房子,其他的材料可以用吗?想一想还有哪些材料比积木轻、面积大?"

图 4-34 用三轮车拉"房车"

战玉轩说:"我们教室里的泡沫垫轻并且大,可以盖在上面当房顶。"

滕泽霖说:"我们还可以把墙拆两层,就会变轻。"

于是,有的幼儿去拆除屋顶跟墙面,有的幼儿用泡沫垫子拼插新的屋顶,相互配合,分工明确,很快便完成了调整,继续进行"试验"。

马克说:"果然变轻的'房车'可以动起来啦,而且既平稳又能控制方向快速前进!"

"房车"在平坦的水泥地面上顺利前进,他们开着"房车"在幼儿园内开始了一场美美的旅行!

在旅途中,小"房车"遇到了塑胶操场,两位"小司机"有些吃力地蹬车。

王梓丞说:"我们现在有些蹬不动了,需要你们的帮助,你们在后面推下面的小床吧!"

经过几个小朋友的助力,小"房车"继续缓慢前进,如图 4-35 所示。

图 4-35 幼儿合力推车

牛艾青说:"原来小房车在这种塑胶地面上行走,速度会变慢呀。"

其他幼儿很羡慕他们的"房车",争先恐后地来预约坐"房车"游玩,如图 4-36 所示。

图 4-36　幼儿坐在"房车"里游玩

在探究过程中，幼儿考虑到"房车"因为"太重"等因素无法前进，想出通过改变房顶材质和房子高度来减轻房车重量的方法，从而让房子动起来；房车在旅途中遇见塑胶场地行进缓慢，幼儿通过外力助力让房车顺利行进，在这一过程中他们发现，不同材质（光滑和粗糙）的地面会影响房车行进的速度。

三、活动的特点及价值

（一）活动的特点及价值

1. 游戏特点

《房车旅行记》是大班探索性游戏，是基于幼儿"让房子动起来"的好奇心驱使而衍生出的持续深入的探究性游戏。此次活动由幼儿自主发起，以探究性问题为导向推动游戏的发展，教师在活动中观察发现多元的教育价值和契机，因势利导，呵护幼儿对问题的好奇和探索欲望，丰富和扩展了幼儿的知识经验，有助于幼儿探究精神、科学态度和学习品质的养成，有助于提升幼儿的科学素养。

2. 游戏价值

（1）本次游戏活动是以户外自主游戏活动方式呈现的，他们自主地选择活动内容、活动方式和活动伙伴，按自己的游戏计划自主探索，给游戏活动赋予了鲜活的生命力。

（2）探索游戏是一项重要的学习活动，需要有充足的材料、体验式的操作和自由自主的游戏时间。在这场如何让"房车"动起来的探索游戏中，幼儿开展了一场关于平衡力、重力、阻力、速度的探究，通过发现问题、探索验证、解决问题的过程，理解了"阻力与速度"之间的内在联系，通过反复操作和验证实现对"问题"的解决，再通过不断地解决问题，科学素养得以提升，并从中获得发展。

（3）探索性游戏是幼儿学习过程的记录册，它能够反映幼儿游戏学习的整个过程。教师引导幼儿在探究过程中慢慢将外部活动转化为内部思考，支持幼儿深度学习，支持幼儿成长为具有科学思维的人，帮助幼儿形成受益终身的学习态度和能力。

（二）反思、支持策略

1. 自发生成，自主探究

幼儿在"房子位置阻碍交通"这一现实中发现兴趣点，自发形成"让房子动起来"的游戏，乐此不疲地搭建自己想象中的房车，自主选择，分工协作，在游戏中遇到困难能够勇于尝试，坚持思考解决问题的办法，不轻易放弃，不怕困难，持续探究，在活动中主导属于自己的游戏。

2. 深入探索，持续发展，深度学习

（1）尝试、探究、选择合适的轮子，丰富幼儿的认知经验。幼儿虽然习得了一些"轮子可以滚动"的前期经验，但关于"平衡—移动""阻力—速度"的认知较少。在本次活动中，幼儿调整—验证—再调整—再验证，在亲身体验和实际操作中发现问题，并一次次尝试多种办法解决问题，最终获得成功。

（2）在捆绑两张小床的过程中，幼儿遇到"捆不紧"的问题，导致游戏停滞不前，通过向教师寻求帮助，找到进一步探索的机会，继续深入探究，使游戏得以持续发展。

（3）提升了幼儿的想象力、创造力和与同伴交往的能力，促进幼儿良好品格的形成。幼儿从幼儿园"带轮子的材料"入手探究，自主找寻合适的、可以保持平衡的、稳定性好的、可以动起来的材料，自发研究，主动参与，坚持不懈，勇敢表达。遇到问题，通过自己的操作、实验、与同伴交流合作来解决问题，同时分工明确，最终搭建出能游园的"房车"。

（4）"提出问题—选择适宜的方法—推理与假设—实证研究—分享交流"，幼儿在这个过程中能够不断思考、探究，这也是幼儿深度学习的体现。

3. 充分放手，自主决定，静待花开

（1）放手游戏，相信幼儿。这个游戏能顺利开展，最重要的一点是因为幼儿有自主尝试和探究的空间。游戏中，我试着"退后一步"，耐心等待，放手让幼儿去尝试。这样他们才能够在一次次试错、失误或矛盾冲突中顺利搭建"房车"。比如用"平板车"移动房子时，因"用力"方向不一致和多次修正后的房屋结构不稳定，导致房子坍塌。在以往的游戏中，我担心幼儿发生安全事故，会立刻去制止。但这次游戏我没有立即阻止，多次"房屋坍塌"，已经让幼儿有了躲避危险和解决问题的能力。

（2）有效观察，静待花开。在游戏中，幼儿一次次调整材料和方法进行深入探索，背后折射出他们一次次的思考，因此，作为教师的我们不单单是幼儿安全的看护者，更是幼儿游戏的持续观察者。

幼儿是有能力的主动学习者，教师要始终相信、尊重幼儿，带着欣赏的眼光去看待幼儿，看待游戏，静待花开。

项目四 幼儿园户外游戏环境创设

检测回顾

一、单选题

1. 在幼儿园户外环境的创设中，沙、水等区域所提供的活动材料可塑性非常强，属于（　　）。
   A. 固定结构材料　　　　　　B. 半固定结构材料
   C. 无固定结构材料　　　　　D. 游戏材料

2. 幼儿园户外环境的创设要做到（　　）。
   A. 安全第一　　　　　　　　B. 绿化第一
   C. 卫生第一　　　　　　　　D. 方便第一

3. 最好的幼儿园户外活动场地是（　　）。
   A. 沙土地　　　　　　　　　B. 水泥地
   C. 塑胶地　　　　　　　　　D. 绿草地

4. 下列选项中不属于幼儿园户外环境的是（　　）。
   A. 集体活动地区　　　　　　B. 游戏场地
   C. 种植园区　　　　　　　　D. 活动室

二、多选题

1. 户外游戏环境创设应考虑（　　）。
   A. 绿化　　　　B. 美化　　　　C. 教育化　　　　D. 游戏化

2. （　　）是幼儿园环境最突出的特征，所以，户外游戏环境创设既要让环境充满童趣，又要在安全的前提下，满足幼儿各种游戏活动。
   A. 教育化　　　B. 游戏化　　　C. 娱乐化　　　　D. 兴趣化

3. 具备（　　）特征的幼儿园户外自主游戏环境，是幼儿喜欢的环境。
   A. 好好玩　　　B. 足够嗨　　　C. 有挑战　　　　D. 有玩具

三、简答题

1. 户外游戏环境创设应考虑哪些因素？
2. 结合实例，阐述在户外游戏环境创设中应如何凸显幼儿的主体地位。

检测回顾答案

反思总结

亲爱的同学们：

　　高质量的户外游戏环境能使幼儿身心得到释放，从而获得积极、愉悦的情感体验。通过本项目的学习，你对幼儿园户外游戏环境创设有哪些思考和收获呢？请写出来吧！

项目五

幼儿园民间传统工艺的设计与制作

项目描述

大家好，我是新入职的小慧老师。

中华优秀传统文化是中华民族的根与魂，是最深厚的国家文化软实力，也是中华民族独特的精神标识。传统文化艺术具有深厚的文化底蕴，是幼儿园宝贵的课程资源，是幼儿的文化大餐，更是幼教工作者传承中华文明的主要途径。作为中华优秀传统文化的民间工艺，如剪纸、京剧、皮影、青花等，在幼儿园主题课程中应用广泛。那么，这些传统工艺的制作方法是怎样的？如何以幼儿喜欢及适宜的方式把它们融入课程、融入环创呢？

请跟随小慧老师的脚步，一起学习幼儿园民间传统工艺的设计与制作这一项目吧！

项目导航

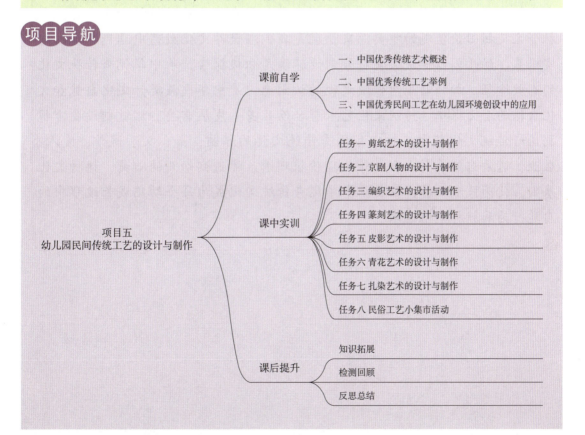

幼儿园环境创设

> **教学目标**
>
> **知识目标**
> 1. 了解我国传统文化艺术的基本内涵和文化价值。
> 2. 知道中国传统文化艺术的主要类别。
> 3. 学会识别和利用传统艺术符号创设幼儿园教育环境。
>
> **能力目标**
> 1. 熟练掌握几种民间传统工艺的制作技法,培养艺术表达能力和创新能力。
> 2. 能够将传统文化艺术融入幼儿园班级环境中。
>
> **素质目标**
> 1. 提升沟通交流、统筹规划及解决问题的能力。
> 2. 加强对民族文化的认同感和自豪感,厚植爱国情怀。

文化引领

"求木之长者,必固其根本;欲流之远者,必浚其泉源"。中华优秀传统文化拥有五千年文明古国深厚的文化底蕴,是中华民族的精神命脉,是涵养社会主义核心价值观的重要源泉,也是我们在世界文化激荡中站稳脚跟的坚实根基。幼儿园以传统文化符号创设环境是积极探索传承中华优秀传统文化的有效途径。加强幼儿对传统文化的认同感,是中华民族提升文化自觉和文化自信的有力保证。传统文化艺术符合幼儿身心发展需要,环境创设要重视利用好传统文化艺术,把中华优秀传统文化的精髓,如仁义、诚信、爱人、敬业、道法自然、天人合一等伦理价值观念,渗透到幼儿的心灵,播种文化基因,化为民族血脉,让传承中华优秀传统文化成为每个幼儿成长过程中的自觉行为和精神价值追求。

一、中国优秀传统艺术概述

中国传统艺术有几千年的积淀，主要代表性艺术有书法、篆刻、音乐、剪纸、绘画和戏曲。中国传统艺术的遗产极其丰富，有着伟大的创造力，展现着五千年文明古国深厚的文化底蕴，是中华民族的宝贵财富，也是全人类的宝贵财富。中国历代画家、书法家、艺术家、手工艺人等通过对中国社会、环境、生活的理解，展示出中国社会历史文化长卷。中国传统艺术以其淳厚的艺术内涵和生动的历史遗迹，受到世界人民的喜爱和欣赏，成为人类共同的文化大餐。

二、中国优秀传统工艺举例

（一）琴棋书画

中国古代，古琴、围棋、书法、国画是文人修身养性的必需品，合称"琴棋书画"。古琴：亦称"七弦琴"，是我国最古老的弹拨乐器之一，出现于尧舜时期。2003年，古琴列入世界"人类非物质文化遗产"。棋：包括博和弈，博指象棋，弈指围棋。书：是指汉字和书法。汉字是由黄帝的史官仓颉发明的。书法是指用毛笔书写汉字的方法和规律。画：是指中国画，用毛笔以水墨在宣纸上作画，常用朱红色、青色，故称画为"丹青"。绘画产生于文字发明之前，古人说书画同源。

（二）戏曲

戏曲是中国传统的艺术形式。据不完全统计，我国的戏曲剧种，约有三百六十种，传统剧目数以万计。著名的剧种有京剧、昆曲、越剧、豫剧、湘剧、粤剧、秦腔、川剧、评剧、晋剧、汉剧、潮剧、闽剧、祁剧、河北梆子、安庆黄梅戏、湖南花鼓戏……，其中流传最广的是京剧。

（三）皮影戏

皮影戏，发源于我国西汉时期的陕西，距今已有一千多年的历史，是世界上最早由人配音的活动影画艺术。有人认为皮影戏是现代"电影始祖"。在中国，不少的地方戏曲剧种都是从皮影戏中派生出来的，而皮影戏所用的幕影演出道理，以及表演艺术手段，对近代电影的发明和现代电影美术片的发展也起到了重要的先导作用。皮影艺术在中国乃至世界都拥有很高的艺术价值。

（四）剪纸

剪纸是中国最普及的民间传统装饰艺术之一，有着悠久的历史。全国各地都能见到剪纸，甚至形成了不同地方风格流派。剪纸不仅表现了群众的审美爱好，还蕴含着民族的社会深层心理，是中国最具特色的民间艺术之一，其造型特点尤其值得研究。民间剪纸在表现形式上有着全面、美化、吉祥的特征，同时民间剪纸用自己特定的表现语言，传达出传统文化的内涵和本质。

（五）泥塑艺术

泥塑艺术是我国一种古老的民间艺术。它以泥土为原料，以手工捏制成形，或素或彩，以人物、动物为主。我国泥塑艺术可上溯到距今四千至一万年前的新石器时期。史前文化地下考古就有多处发现。中国泥塑艺术最著名的有天津"泥人张"、无锡惠山泥人、敦煌石窟彩塑等。

三、中国优秀民间工艺在幼儿园环境创设中的应用

中华优秀传统文化是中华民族的艺术瑰宝，而民间工艺是中国文化的重要组成部分。幼儿时期是学习发展的敏感期，将优秀的民间工艺巧妙地融入幼儿园课程，应用于环境创设当中，有助于增强文化自信和民族认同感，有助于幼儿想象力、分析力、创造力、审美力的提升，促进幼儿身心全面发展。幼儿园民间工艺作品展如图 5-1 所示。

图 5-1　幼儿园民间工艺作品展

项目五　幼儿园民间传统工艺的设计与制作

图 5-1　幼儿园民间工艺作品展（续）

任务一　剪纸艺术的设计与制作

知识链接

剪纸艺术是我国最古老的民间艺术之一，运用夸张手法，将不同空间、时间的物象进行组合，实现了艺术和生活的完美结合。剪纸艺术在南北朝时期就已经出现了。隋唐以后，剪纸艺术日趋繁荣。唐代还出现了专门描述剪纸的诗句。诗歌《剪彩》写到："剪彩赠相亲，银钗缀凤真。双双衔绶鸟，两两度桥人。叶逐金刀出，花随玉指新。"到了宋代，剪纸艺术开始普及，开始出现了剪纸行业和剪纸名家。明清时代是剪纸的高峰时期。2006年剪纸艺术经国务院批准列入第一批国家级非物质文化遗产名录。2009年入选联合国教科文组织人类非物质文化遗产代表作名录。

（1）剪纸艺术的技法：以剪刻、镂空为主，附加手法有撕纸、烧烫、拼色、衬色、染色、勾描等。

（2）剪纸艺术的用途：一是用于装饰环境，如窗花、墙花、顶棚花、烟格子、灯笼花；二是用于婚丧嫁娶礼仪，即用于点缀礼品、嫁妆、祭品、供品；三是用于制作衣物刺绣底样，如用于衣饰、鞋帽、枕头；四是用于印染蓝印花布的印版，如用于衣料、被面、门帘、包袱、围兜、头巾等。

任务目的

（1）掌握传统民间工艺剪纸艺术的文化价值。
（2）学会用剪刀与刻刀完成剪纸艺术作品，培养剪纸艺术实践运用能力。
（3）培养精益求精的做事态度。

任务要求

（1）作品体现传统剪纸艺术的特性，体现创意。
（2）作品标注姓名、班级，塑封实物，提交用于展示。

前期准备

（1）经验准备：借助网络资源赏析十二生肖的剪纸图案，提前了解剪纸在幼儿园环境创设中的运用,在"雨课堂"平台讨论区互动交流,畅谈自己的观点。

(2) 物质准备:A4彩色纸、4K剪纸用纸、剪刀、刻刀、垫板。

实训过程

(1) 学习折叠技法,对折、中心折、对角折。
(2) 采用先易后难顺序练习,折纸、剪纸、刻纸。
(3) 练习剪双喜字、五角星、对对兔、十二生肖、人物、景物等。
(4) 尝试有创意地进行剪纸。
(5) 分享交流,个人自评、同伴互评、教师总评。
(6) 选择自己满意的两幅作品装裱展览,将作业拍照上传到"雨课堂"平台。

剪纸艺术

考核标准

(1) 将作品拍照上传到"雨课堂"平台,量化打分在60~100分。
(2) 内容涵盖人物、景物剪纸作品和故事系列刻纸作品,作品刀法流畅、栩栩如生等,得100分。具体评分标准如表5-1所示。

表5-1 "剪纸艺术的设计与制作"个人自评打分表

项目	评分细则	参考分值/分	实际得分
图案设计	1. 作品生动,栩栩如生	20	
	2. 构图合理,内容积极向上	20	
	3. 图案设计有创意	30	
剪纸工艺	4. 刀法流畅自然	10	
	5. 做工及装裱精细	20	
总分		100	

附：实训成果展示

项目五　幼儿园民间传统工艺的设计与制作

创意剪纸

任务二 京剧人物的设计与制作

知识链接

京剧又称平剧、京戏等,是中国影响最大的戏曲剧种。京剧在文学、表演、音乐、舞台美术等各个方面都有一套规范化的艺术表现形式。京剧的唱腔以二簧、西皮为主要声腔,伴奏分文场和武场两大类。文场以胡琴为主奏乐器,武场以鼓板为主奏乐器。京剧的角色分为生、旦、净、末、丑等行当,各行当都有一套表演形式。唱、念、做、打是京剧表演的基本功。唱指的是歌唱,念是念白,做是指舞蹈化形体动作,打是打斗和翻滚技艺。京剧表演体系被视为东方戏剧表演体系的代表,为世界三大表演体系之一。2006年5月,京剧被国务院批准列入第一批国家级非物质文化遗产名录。2010年被列入联合国教科文组织非物质文化遗产名录。

京剧脸谱是特殊的化妆方法,不同色彩代表不同人物性格。生是指男性人物,有小生、老生、武生、娃娃生等;旦是指女性人物,有正旦、花旦、武旦、老旦、彩旦、闺门旦等;净是指男性角色,有架子花脸、铜锤花脸、二花脸等;丑是指喜剧人物,有文丑、武丑、三花脸等。脸谱的色彩分别代表着不同人物性格:红色代表忠勇侠义,多为正面角色;黑色代表直爽刚毅,勇猛而智慧;白色代表阴险奸诈,刚愎自用;紫色代表刚正威武,不媚权贵;黄色代表勇猛而暴躁;金色代表神仙高人或猛将;银色代表神仙或妖怪;绿色代表勇猛、莽撞、绿林好汉;蓝色代表刚强阴险。

四大名旦:梅兰芳,代表作品有《贵妃醉酒》《霸王别姬》《打渔杀家》;程砚秋,代表作品有《武家坡》《锁麟囊》;荀慧生,代表作品有《投军别窑》《红娘》《玉堂春》;尚小云,代表作品有《昭君出塞》《楚汉争》,是戏曲事业教育家。幼儿眼中的京剧人物如图5-2所示。

图5-2 幼儿眼中的京剧人物

项目五　幼儿园民间传统工艺的设计与制作

京剧艺术

 任务目的

（1）欣赏京剧艺术，掌握京剧艺术的文化价值及主要特点。
（2）知道京剧脸谱的化妆方法。
（2）掌握生、旦、净、末、丑不同人物的基本特征，能进行京剧人物艺术创作。

 任务要求

（1）撰写 300~500 字的戏剧人物故事。
（2）设计制作 2 个戏剧人物脸谱。
（3）分小组进行京剧人物艺术创作。

 前期准备

（1）经验准备：欣赏京剧《锁麟囊》《梨花颂》。
（2）物质准备：纸浆马勺、葫芦；水粉或丙烯颜料、毛笔、铅笔；60×40 厘米纸板，各种辅助材料。

 实训过程

（1）了解京剧起源及脸谱艺术造型特点。
（2）学唱歌曲《说唱脸谱》。
（3）选择剧目人物并设计、勾画脸谱。
（4）组建 4 人小组，运用多元材料设计制作半立体京剧人物形象。
（5）作品分享，个人自评、小组互评、教师点评，提出修改建议。
（6）将作品拍照上传到"雨课堂"平台，将实物作品用于展览。

 考核标准

（1）互评打分在 60~100 分。
（2）作品生动形象，色彩搭配合理，巧用多种辅助材料，有创意，得 100 分。评分标准如表 5-2 所示。

表 5-2 "京剧人物的设计与制作"小组互评打分表

项目	评分细则	参考分值/分	1组	2组	3组	4组	5组	……
设计	1. 作品生动形象，突出京剧人物造型特点	10						
	2. 构图比例恰当	10						
	3. 色彩搭配协调，具有美感	10						
	4. 从构图设计到多元材料的利用方面等，有创意	30						
制作	5. 做工精美	20						
	6. 巧用多种手工技法进行制作	20						
	总分	100						

附：实训成果展示

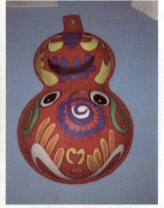

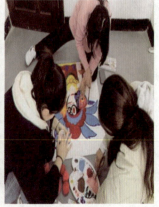

项目五 幼儿园民间传统工艺的设计与制作

视频：京剧人物制作（学生作品）

生角

旦角

净角

任务三 编织艺术的设计与制作

知识链接

我国的民间编织艺术有着浓厚的历史底蕴和文化积淀。千百年来，勤劳的中国人民就地取材不断实践，选择利用自然界中生长的各种植物，编织出各种生活所需的器物。早在旧石器时代，中国人民就以植物韧皮编织成网罟（网状兜物），内盛石球，抛出以击伤动物。距今六七千年前的河姆渡文化时期、四五千年前的仰韶文化时期、二三千年前的良渚文化时期，就已有苇、竹等类的编织物。柳编工艺在唐以前就已经很发达了。我国古代编织艺术不断发展，到了汉唐时期，藤编柳编已经不足为奇。宋代浙江竹编已经能编织字画、图案，工艺精巧，而且形成了区域特色。那个时候，苏州的竹编技术已经相当成熟，苏州制造的竹席、竹垫等畅销全国。在川蜀则有了织锦的编织技术，而这个技术在今天的土家族十分常见。宋代就有了专门管理编织的部门。明清时期，地方和中央开始设立工艺局，专门传承和发展编织技术，编织品已经成为家家户户的必需品，并开始出口国外。

编织种类从用材上大致可分为：藤类编织、草类编织、竹类编织、绳类编织、纸类编织、布类编织。

编织活动对幼儿身心发展的意义：幼儿园编织的材料非常丰富，软、硬、粗、细、现代的、原生态的等各种不同的材料，色彩丰富、赏心悦目，能有效促进幼儿身心健康发展，锻炼其手部肌肉、关节的灵活性，促进幼儿动作发展，使其左右脑得到开发。幼儿的编织作品如图5-3所示。

图5-3　幼儿的编织作品

项目五　幼儿园民间传统工艺的设计与制作

编织艺术

 任务目的

（1）掌握编织的主要种类，学会 1~2 种编织的方法。
（2）知道编织在幼儿园的运用与价值。
（3）掌握穿、绕、拆、拉、编、织等基本编织技能，并巧妙融入幼儿园一日课程中。

 任务要求

（1）纸编小篮子、瓶子、筐子等。
（2）用毛线编织围巾、手套、手包等。

 前期准备

（1）经验准备：每人编织彩线手链一对。
（2）物质准备：彩色卡纸、粗细不等的毛线、竹针、钩针等。

 实训过程

（1）了解编织艺术的主要类别及历史渊源。
（2）欣赏幼儿园小朋友的编织艺术作品。
（3）练习平面纸编、立体纸编。
（4）自主选择毛线、柳条、纸绳等编织各种物品。
（5）分享自己的作品，个人自评、同伴互评，共同学习。
（6）将作品拍照上传到"雨课堂"平台，将实物作品用于展览。

 考核标准

（1）作品打分在 60~100 分。
（2）作品美观，制作精致，色彩搭配合理等，得 100 分。其他根据完成情况酌情打分，具体评分标准如表 5-3 所示。

表 5-3 "编织艺术的设计与制作"个人自评打分表

项目	评分细则	参考分值/分	实际所得分值
设计	1. 作品美观，富有童趣	10	
	2. 色彩搭配协调	10	
	3. 有较高的艺术价值或使用价值	30	
	4. 作品有创意或部分为原创	30	
制作	5. 手法细腻，制作精致	20	
	总分	100	

附：实训成果展示

狗尾巴草编织

编织作品欣赏

编织《青花瓷韵》

编织玩教具

项目五　幼儿园民间传统工艺的设计与制作

任务四　篆刻艺术的设计与制作

  知识链接

在 2009 年联合国教科文组织保护非物质文化遗产政府间委员会第四次会议上，中国书法、中国篆刻、中国剪纸等 22 个项目入选"人类非物质文化遗产代表作名录"。2021 年 10 月，教育部《中华优秀传统文化进中小学课程教材指南》将书法课作为课程开设刚性要求，书法（篆刻）列为学校重点建设的传承内容。

篆刻艺术是书法和镌刻结合来制作印章的艺术，是汉字特有的艺术形式。篆刻创作主要采用古文字，包括甲骨文、金文、战国文字、大篆以及小篆的几种变体。一方印中，既有豪壮飘逸的书法笔意，又有优美悦目的绘画构图，并且兼得刀法生动的雕刻神韵，可谓方寸之间、气象万千。篆刻艺术直溯文字渊源，早在殷商时代，用刀在龟甲上刻字即甲骨文。秦代以前，篆刻印章称为"玺"或"鉨"。玺是在玉上刻制，鉨是在金属上刻制。秦始皇统一六国后，规定"玺"为天子所专用，大臣以下和民间私人用印统称"印"，形成了帝王用印称"玺"或"宝"。官印称"印"；将军用印称"章"；私人用印称"印信"。汉代印章兴盛，史称汉印，字体由小篆演变成"缪篆"。唐宋之际，文人墨客的喜好，改变了印章的体制，但仍以篆书作印，直到明清两代，印人辈出，篆刻艺术转为治印之学，称为"刻印""铁笔""铁书""刻图章"等。

篆刻艺术

  任务目的

（1）了解我国汉字的发展历史和演变过程。
（2）掌握朱文印与白文印的特点，学会阳刻与阴刻。
（3）掌握冲刀法与切刀法的基本技能。

  任务要求

（1）篆刻作业：用毛笔、宣纸抄录教育思想，如楷体、篆体。
（2）篆刻作业：练习冲刀法、切刀法；篆刻篆体白文印一枚；篆刻篆体朱文印一枚。

前期准备

(1) 经验准备:通过"雨课堂"平台,自主学习篆刻艺术的相关特点及基本的篆刻方法。
(2) 物质准备:毛笔、宣纸、砚台、墨汁;刻刀3把、石料3枚、印泥、砂纸。

实训过程

(1) 了解书法、印章。
(2) 利用网络在线字体转换"陶行知教育思想",如隶书、篆书。
(3) 练习篆刻白文印和朱文印各一枚。
(4) 作品分享,个人自评、同伴互评、教师点评。
(5) 实践运用,实习期间将篆刻艺术应用于幼儿园区域活动。

考核标准

(1) 作品打分在60~100分。
(2) 刀法细腻,设计精美,线条流畅等,得100分。其他根据完成作品的情况酌情打分,具体评分标准如表5-4所示。

表5-4 "篆刻艺术的设计与制作"个人自评打分表

项目	评分细则	参考分值/分	实际所得分值
设计	1. 汉字正确无误	10	
	2. 优美悦目的绘图构图	20	
	3. 作品有创意	20	
制作	4. 线条流畅	20	
	5. 刀法细腻,制作精致	30	
	总分	100	

附:实训成果展示

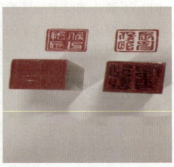

项目五　幼儿园民间传统工艺的设计与制作

任务五　皮影艺术的设计与制作

知识链接

　　皮影戏又称影子戏或灯影戏，老北京人都叫它"驴皮影"。皮影戏发源于我国西汉时期的陕西，兴于唐朝，盛于清代，是世界上最早由人配音的活动影画艺术，有人认为皮影戏是现代"电影始祖"。中国不少地方戏曲剧种都是从皮影戏中派生出来的，而皮影戏所用的幕影演出道理、表演艺术手段，对近代电影的发明和现代电影美术片的发展也起到了重要的先导作用。皮影艺术在中国乃至世界上拥有很高的艺术价值。2011年，皮影戏入选联合国教科文组织人类非物质文化遗产代表作名录；2018年，教育部办公厅公布上海戏剧学院为皮影戏中华优秀传统文化传承基地。幼儿园里的皮影戏如图5-4所示。

图5-4　幼儿园里的皮影戏

皮影戏《三打白骨精》

任务目的

(1) 掌握皮影戏的基本原理。

(2) 学会皮影戏人物制作、配音、表演等操作技能。

(3) 增强团队合作意识。

任务要求

(1) 了解皮影戏的历史渊源及主要类别。

(2) 学会用皮纸、铆钉、固定棒、钳子等工具创造性地制作皮影人物道具。

(3) 掌握皮影戏艺术的演出环节，创编皮影故事。

(4) 皮影戏作业：

皮影戏作业①：每人制作皮影故事人物一套。

皮影戏作业②：分小组录制皮影故事视频（3分钟左右），分编剧、导演、音乐、配音、录像、道具等。

皮影戏作业③：皮影故事展演。

前期准备

(1) 经验准备：欣赏皮影戏《三打白骨精》。

(2) 物质准备：皮纸、铆钉、固定棒、钳子、丙烯、剪刀、幕布等。

实训过程

(1) 欣赏皮影戏《老鼠嫁女》。

(2) 组建4人学习小组，明确任务分工。

(3) 自行选取或创编皮影故事，制作皮影人物。

(4) 小组合作，皮影故事展演。

(5) 个人自评、小组互评、教师点评，提出修改建议。

(6) 将剪辑好的皮影故事小视频上传到"雨课堂"平台，并在课程群分享交流。

考核标准

作品量化打分在60~100分，参照表5-5和表5-6所示的评分标准，根据完成情况酌情打分。

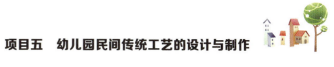

项目五　幼儿园民间传统工艺的设计与制作

表5-5　"皮影作品"小组互评打分表

项目	评分细则	参考分值/分	1组	2组	3组	4组	5组	……
设计	1. 故事人物完整，不少于3个	10						
	2. 人物生动形象，有童趣	10						
	3. 皮影人物铆钉添加及操作杆设计合理，动态十足	20						
	4. 适当添加辅助的故事背景材料	10						
	5. 皮影人物形象为原创	20						
制作	6. 人物形象精致传神	10						
	7. 整体做工精致，便于操作	20						
	总分	100						

表5-6　"皮影戏表演"小组互评打分表

项目	评分细则	参考分值/分	1组	2组	3组	4组	5组	……
作品演绎	1. 生动形象，有感染力	20						
	2. 角色、配音衔接自然	20						
	3. 内容积极向上，符合幼儿情趣	20						
小组合作	4. 分工明确，能较好地完成全部任务	10						
	5. 配合自如，能完整而生动地演绎整个作品	30						
	总分	100						

班本课程《走近皮影》

附：实训成果展示

项目五　幼儿园民间传统工艺的设计与制作

皮影《拯救公主》

任务六 青花艺术的设计与制作

知识链接

青花瓷又称白地青花瓷,常简称青花,是中华陶瓷烧制工艺的珍品,是中国瓷器的主流品种之一,属釉下彩瓷。青花瓷是用含氧化钴的钴矿为原料,在陶瓷坯体上描绘纹饰,再罩上一层透明釉,经高温还原焰一次烧成。青花瓷在唐宋初见端倪。成熟的青花瓷出现在元代景德镇的湖田窑。明代青花成为瓷器的主流。明宣德时发展到了顶峰。明清时期,还创烧了青花五彩、孔雀绿釉青花、豆青釉青花、青花红彩、黄地青花、哥釉青花等衍生品种。幼儿园青花瓷艺术作品如图5-5所示。

图5-5 幼儿园青花瓷艺术作品

任务目的

(1) 了解青花瓷的历史渊源及基本原理。
(2) 掌握青花瓷艺术的基本特点及构图技巧。
(3) 能将青花瓷艺术应用于幼儿园环境创设中,做好文化传承。

任务要求

(1) 充分展示青花瓷艺术特点。
(2) 在青花瓷传统艺术的基础上,巧妙运用辅助材料进行创作。

前期准备

(1) 经验准备:欣赏青花瓷艺术作品,了解青花瓷的历史及制作风格。
(2) 物质准备:马克笔、纸板、画框、扇面等,以及其他各种辅助材料。

项目五 幼儿园民间传统工艺的设计与制作

实训过程

（1）了解青花瓷的发展历史和主要艺术特点。
（2）知道如何将青花瓷艺术广泛应用于幼儿园中。
（3）掌握青花瓷艺术的创作特点，尝试用多种方式，创造性地表现青花瓷的艺术风格。
（4）作品展览，相互学习，观摩评价。

考核标准

（1）将作品拍照上传"雨课堂"平台，量化打分在60~100分。
（2）作品制作精美，构图合理，有创意等，得100分。其他根据完成情况酌情打分，具体评分标准如表5-7所示。

表5-7 "青花艺术的设计与制作"个人自评打分表

项目	评分细则	参考分值/分	实际所得分值
设计	1. 构图比例恰当	10	
	2. 线条流畅，粗细虚实及装饰图案搭配合理	10	
	3. 巧妙融入多元材料，有创意	30	
制作	4. 制作精致	20	
	5. 将绘画及手工技巧巧妙融合，用于创作	30	
	总分	100	

附：实训成果展示

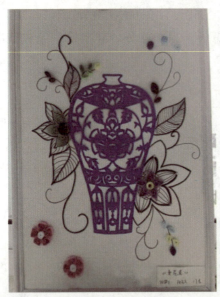

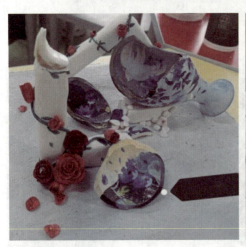

项目五　幼儿园民间传统工艺的设计与制作

视频：青花瓷艺术创作

学生创作（1）

学生创作（2）

任务七　扎染艺术的设计与制作

知识链接

扎染艺术古称扎缬、绞缬，是中国传统的手工染色技术。扎染起源于黄河流域，有着悠久的历史。扎染艺术起源于秦汉时期，早在东晋时期就已经成熟。南北朝扎染产品被广泛用于妇女的衣着。唐代是我国古代文化的鼎盛时期，绞缬的纺织品更为流行、普遍。"青碧缬衣裙"成为唐代时尚的基本式样。北宋时期，绞缬产品在中原和北方地区流行甚广；明清时期，染织技艺已到达很高的水平，出现了染布行会；近代扎染显示出浓郁的民间艺术风格，千余种纹样是中华千百年来织染文化的缩影。

扎染，是织物在染色时部分结扎起来，使之不能着色的染色方法。扎染工艺分为扎结和染色两部分，通过纱、线、绳等工具，对织物进行扎、缝、缚、缀、夹等多种形式组合，后进行染色。染缸、染棒、晒架、石碾等是扎染的主要工具。主要步骤有画刷图案、绞扎、浸泡、染布、蒸煮、晒干、拆线、漂洗、碾布等，技术关键是绞扎手法和染色技艺。扎染晕色丰富、变化自然、趣味无穷。这种独特的艺术效果，机械印染工艺难以达到。

应用范围：嫁妆、服饰、壁挂、窗帘、门窗、台布、沙发罩、床罩、枕套、婚纱衬景等。

2006年，扎染技艺经国务院批准入选第一批国家级非物质文化遗产名录。2011年，海安县申请的"南通扎染技艺"被列入江苏省级非物质文化遗产名录。2014年，"大理市周城璞真综艺染坊"被文化部列入国家级非物质文化遗产生产性保护示范基地。

中班幼儿玩扎染

项目五　幼儿园民间传统工艺的设计与制作

扎染艺术介绍

任务目的

（1）掌握扎染艺术的主要特点及扎染的主要步骤。

（2）知道扎染艺术在幼儿园课程中的运用与价值。

（3）掌握绞扎、浸泡、染布、蒸煮、晒干、拆线、漂洗等基本扎染技能，并将扎染艺术融入幼儿园课程中。

任务要求

（1）会用不同材料、工具进行扎染。

（2）在手绢、围巾、T恤衫等物品上进行创意扎染。

前期准备

（1）经验准备：每人用纸巾练习染色。

（2）物质准备：瓶装染料、白色布料、原色T恤衫。

实训过程

（1）了解扎染艺术的主要流程及历史渊源。

（2）欣赏幼儿园小朋友的扎染艺术作品。

（3）练习纸巾染色、绳扎技巧。

（4）自主选择染色布料及T恤衫等。

（5）分享作品制作过程，同伴点评作品，提出自己的建议。

（6）将作品拍照上传到"雨课堂"平台。

考核标准

（1）将作品拍照上传到"雨课堂"平台，量化打分在60~100分。

（2）作品美观，纹样精致，色彩搭配和谐，手法有创意等，得100分。其他根据完成情况酌情打分，具体评分标准如表5-8所示。

表 5-8　"扎染作品"个人自评打分表

项目	评分细则	参考分值/分	实际所得分值
扎染作品	1. 图案整体布局美观	10	
	2. 带有随意、自然的美感	30	
	3. 在扎染的基础上适当添画几笔，使作品内容更加丰富	20	
	4. 捆绑方式、用色搭配、图案造型等有创意	30	
	5. 作品完成后整理干净整洁	10	
总分		100	

附：实训成果展示

项目五　幼儿园民间传统工艺的设计与制作

任务八　民俗工艺小集市活动

 任务目的

（1）掌握几种民间传统工艺的制作方法，小组合作根据售卖需要补充商品，设计宣传招牌等。

（2）能创造性地运用多种策略推销商品，提升交流沟通及团队合作能力。

（3）通过参与小集市活动，感受传统文化的魅力，厚植爱国情怀。

 任务要求

（1）每个摊位出售作品不少于6件，两个宿舍共用一个摊位。

（2）撰写个人感受，不少于800字。

 前期准备

（1）经验准备：积累剪纸、脸谱、编织、篆刻、皮影等工艺作品，鼓励自己拓展创新。

（2）物质准备：制作海报、布置摊位、收集作品、给作品分类、为作品定价、生成收款码等。

 实训过程

（1）以班级为单位商讨形成第一稿方案，各班班委共同商讨形成第二稿方案，上报学校审核。

（2）召开各班班委会议，明确班级任务分工。

（3）制作活动海报及邀请函。将海报张贴在学校广场，将邀请函送到各个院系办公室、教研室等，进行宣传发动。

（4）两个宿舍共用一个摊位，组建售卖小组，摆放物品，使集市顺利开张。

（5）各小组售卖情况汇总分享，个人分享收获。

（6）将相关照片及个人感受上传到"雨课堂"平台。

考核标准

(1) 拍卖结果及个人感受量化打分在 60~100 分。

(2) 卖出商品以收款码及收款凭证为准进行累计,售卖商品满 6 件得 10 分,每增加一件加 1 分,此项最高 20 分。

(3) 具体评分标准如表 5-9 所示。

表 5-9 "民俗工艺小集市活动"小组互评打分表

项目	评分细则	参考分值/分	1组	2组	3组	4组	5组	……
售卖情况	1. 小组成员配合默契,摊位摆放整齐有序	10						
	2. 主动绘制摊位招牌,并运用附加赠品、口头讲解等宣传策略招揽顾客	20						
	3. 售卖作品不少于 6 件,得 10 分,每增加一件加 1 分,最高 20 分	20						
	4. 出售的物品为小组成员原创作品	20						
收获感悟	5. 个人感受不少于 800 字	10						
	6. 条理清晰,能客观地分析自己在本次体验中的所思所想,对后期的学习及生活具有指导意义	20						
总分		100						

项目五 幼儿园民间传统工艺的设计与制作

附：实训成果展示

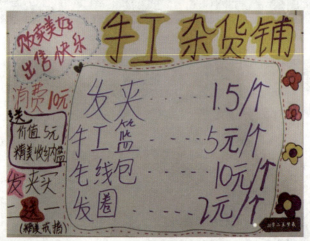

项目五　幼儿园民间传统工艺的设计与制作

课后提升

知识拓展

（一）实践练习

利用入园实习的机会，调查幼儿园将哪些优秀的民间传统工艺融入了课程资源中，撰写一份不少于1 000字的调查报告，返校后同大家分享。

（二）拓展学习

历史典故《杜甫与剪纸》

京剧四大名旦

我国三大碑刻艺术中心

幼儿园户外民间工艺作品展

项目五 幼儿园民间传统工艺的设计与制作

一、单选题

1. 我国的传统文化艺术中国书法、中国篆刻、中国剪纸等项目入选世界"人类非物质文化遗产代表作名录"的时间是（　　）。

　　A. 2000 年　　　　B. 2009 年　　　　C. 2021 年

2. 我国剪纸艺术在（　　）北朝时期就已经出现。

　　A. 公元前 386 年　　B. 公元 386 年　　C. 公元 1386 年

3. 皮影戏，发源于我国西汉时期的（　　）。

　　A. 陕西　　　　　　B. 山西　　　　　　C. 山东

4. 中国传统戏曲艺术约有三百六十种，传统剧目数以万计。其中流传最广的是（　　）。

　　A. 京剧　　　　　　B. 昆曲　　　　　　C. 越剧
　　D. 豫剧　　　　　　E. 秦腔

5. 京剧脸谱的色彩分别代表着不同人物性格，红色代表（　　）。

　　A. 忠勇侠义　　　　B. 阴险奸诈　　　　C. 刚愎自用

二、多选题

1. 幼儿园环境创设要兼顾许多要素，如空气、采光、温度、声音、色彩、数量、速度、文化等，要满足幼儿（　　）。

　　A. 身体需要　　　　B. 心理需要　　　　C. 认知需要
　　D. 情感需要　　　　E. 社会性需要

2. 在中国古代"琴棋书画"是指（　　）。

　　A. 古琴　　　　　　B. 围棋　　　　　　C. 跳棋
　　D. 书法　　　　　　E. 国画

3. 剪纸艺术的技法以剪刻、镂空为主，附加手法有（　　）。

　　A. 撕纸　　　　　　B. 烧烫　　　　　　C. 拼色
　　D. 衬色　　　　　　E. 染色　　　　　　F. 勾描

4. 篆刻艺术在明清之后发展为治印之学，称为（　　）。

　　A. 刻印　　　　B. 铁笔　　　　C. 铁书　　　　D. 刻图章

5. 京剧四大名旦是指（　　），他们是中国京剧旦角行当中四大艺术流派的创始人。

　　A. 梅兰芳　　　　B. 程砚秋　　　　C. 尚小云　　　　D. 荀慧生

三、简答题

1. 我国优秀的传统艺术有哪些？

2. 简述篆刻艺术的发展历史。

四、论述题

如何在幼儿园创设环境中传承我国优秀传统文化？

检测回顾答案

反思总结

亲爱的同学们：

通过本项目的学习，你是否已经感受到了中华优秀传统文化的魅力？你对中华优秀传统文化融入幼儿园环境创设有哪些思考和收获呢？请写下来吧！

参 考 文 献

[1] 李季湄，冯晓霞.《3~6岁儿童学习与发展指南》解读［M］. 北京：人民教育出版社，2013.

[2] 教育部. 幼儿园保育教育质量评估指南. 教基〔2022〕1号.

[3] 山东省教育厅. 山东省幼儿园办园条件标准. 2018.

[4] 陈鹤琴. 陈鹤琴全集·第2卷［M］. 南京：江苏教育出版社，1989.

[5] 孙祖复. 福禄贝尔的生平与教育思想［M］. 北京：人民教育出版社，1991.

[6] 鄢超云. 低成本有质量的教育环境创设［M］. 北京：教育科学出版社，2013.

[7] 董旭花，张升峰，臧冬玲，韩冰川. 幼儿园环境创设［M］. 北京：中国人民大学出版社，2018.

[8] 董旭花，韩冰川，王翠霞，刘霞. 小区域大学问［M］. 北京：中国轻工业出版社，2014.

[9] 董旭花，韩冰川，刘霞. 幼儿园自主游戏观察与记录［M］. 北京：中国轻工业出版社，2019.

[10] 王海英. 儿童视野的幼儿园环境创设［M］. 北京：人民教育出版社，2019.

[11] 杨枫. 幼儿园教育环境创设与玩教具制作［M］. 北京：高等教育出版社，2018.

[12] 李全华. 幼儿园环境创设［M］. 浙江：浙江大学出版社，2019.

[13] 郭晚盛，郭海燕. 幼儿园环境创设［M］. 上海：复旦大学出版社，2019.

[14] 程学琴. 放手游戏 发现儿童［M］. 上海：华东师范大学出版社，2019.

[15] 胡华. 幼儿教师的教育哲学观［M］. 上海：复旦大学出版社，2022.

[16] （日）松居直. 幸福的种子［M］. 南昌：二十一世纪出版社集团，2013.

[17] 赵海燕，张益丽，王胤敏，徐朝康. 幼儿园环境创设案例与分析［M］. 杭州：浙江大学出版社，2020.

[18] 赵兰会. 利津户外游戏［M］. 上海：复旦大学出版社，2020.

[19] 徐雯，吕品田. 传统手工艺［M］. 安徽：黄山书社，2016.

[20] 朱狄. 艺术的起源［M］. 武汉：武汉大学出版社，2017.

[21] 王文章. 非物质文化遗产概论（修订版）［M］. 北京：教育科学出版社，2013.

[22] 王海霞. 民间工艺美术［M］. 北京：中国社会出版社，2006.

[23] 顾森，龚继先. 中国民间艺术（上，下）［M］. 上海：人民美术出版社，1992.